GÉOCRITIQUE DE NIETZSCHE

Collection « Ouverture philosophique »
Série « Bibliothèque »
dirigée par
Dominique Chateau, Jean-Marc Lachaud et Bruno Péquignot

Une collection d'ouvrages qui se propose d'accueillir des travaux originaux sans exclusive d'écoles ou de thématiques.

Il s'agit de favoriser la confrontation de recherches et des réflexions, qu'elles soient le fait de philosophes « professionnels » ou non. On n'y confondra donc pas la philosophie avec une discipline académique ; elle est réputée être le fait de tous ceux qu'habite la passion de penser, qu'ils soient professeurs de philosophie, spécialistes des sciences humaines, sociales ou naturelles, ou… polisseurs de verres de lunettes astronomiques.

La série « Bibliothèque » comporte des ouvrages qui inaugurent ou complètent la connaissance des philosophes en explorant leur problématique, leur argumentation et leur héritage.

Dernières parutions

Arno MÜNSTER (en collaboration avec Fabio Mascaro Querido), *Le marxisme « ouvert » et écologique de Michael Löwy. Hommage à un intellectuel « nomade »*, 2019.
Paul DUBOUCHET, *Girard et Tresmontant, balayeurs et constructeurs. Pour le monothéisme*, 2019.
Pascal GAUDET, *Le projet démocratique. Recherche kantienne*, 2018.

Angelika Schober

GÉOCRITIQUE DE NIETZSCHE

France, Allemagne, Europe et au-delà

Préface de Bertrand Westphal

Du même auteur

Monographies

Reflets des Lumières dans la pensée allemande, Paris, L'Harmattan, coll. « Ouverture philosophique », 2016.

Ewige Wiederkehr des Gleichen? Hundertzehn Jahre französische Nietzscherezeption, Limoges, Pulim, 2000.

Nietzsche et la France. Cent ans de réception française de Nietzsche, thèse de doctorat d'Etat ès Lettres et Sciences Humaines, langues et littératures germaniques, Université Paris X-Nanterre, 1990.

D'Alembert, der vermeintliche Vater des Positivismus. Eine historisch-systematische Untersuchung, thèse de doctorat de philosophie, Université d'Erlangen-Nuremberg, 1982.

Direction d'ouvrages collectifs

Les relations franco-allemandes dans la presse et les dessins de presse, (dir.), numéro hors-série de *Ridiculosa,* revue annuelle de l'EIRIS-Equipe interdisciplinaire de recherche sur l'image satirique, Brest, Université de Bretagne Occidentale, 2015

Le pouvoir au féminin. Identités, représentations, stéréotypes, (dir. avec Aline Le Berre et Florent Gabaude), Limoges, Pulim, 2013.

La presse satirique dans le monde. Histoire et évolution de la presse satirique dans vingt pays (dir. avec Jean-Claude Gardes), numéro hors-série de *Ridiculosa,* Université de Bretagne Occidentale, Brest, 2013.

L'Espace de l'Eros. Représentations textuelles et iconiques, (dir. avec Eduardo Ramos-Izquierdo), Presses universitaires de Limoges, 2007.

Textuel et visuel. Interconnexions entres textes et images satiriques, (dir.), *Ridiculosa* n° 6, Université de Bretagne Occidentale, Brest, 1999.

Le christianisme dans les pays de langue allemande. Enjeux et défis (dir.), Limoges, Pulim, 1997.

5-7, rue de l'Ecole-Polytechnique, 75005 Paris

http://www.editions-harmattan.fr

ISBN : 978-2-343-17111-1
EAN : 9782343171111

Sommaire

Préface

Bertrand Westphal

Parler de Nietzsche est en soi une gageure, car le foyer du discours ne cesse de bouger, comme le marteau avec lequel il aimait à philosopher, comme les regards qu'il attire depuis tant de décennies. Des brèches s'ouvrent. On s'y engouffre, parfois à tort et à travers, par-delà le bien et le mal. Nietzsche est tout et son contraire. Mais, s'il est l'ambivalence même, il est aussi et surtout un texte exigeant. Pour parler de lui, il convient sans ambages de se reporter à l'œuvre et non aux échos qu'elle a levés de-ci, de-là. Angelika Schober le sait fort bien. Au fil des essais qu'elle a consacrés au penseur, elle a posé les jalons d'une lecture riche, documentée, sagace, qui s'est efforcée de situer l'homme dans le paysage international et interculturel. Elle a d'ailleurs commencé par étudier la réception de Nietzsche en France, ses affinités avec Diderot notamment, avant d'élargir son enquête à l'Europe, puis à la Méditerranée et au monde tel que pouvait le concevoir le philosophe au cours des années 1870 et 1880.

En principe, il appartient à l'imagologie d'examiner le lien qui se tisse entre un auteur considéré au singulier et l'espace parfois uniforme de ses voyages, mais, dans le cas de Nietzsche, ainsi qu'Angelika Schober le montre avec minutie, le regard n'est jamais unidirectionnel et les instruments de la géocritique peuvent se révéler utiles. Il y a Nietzsche et ce qu'il dit des lieux et des cultures, certes, mais il y a aussi ce que l'on dit de Nietzsche abordant le sujet – et cette parole adopte elle-même les contours les plus divers. La multifocalisation est toujours à l'honneur, car on n'oubliera pas la mobilité qui caractérise la pensée du philosophe et qui lui attribue une profondeur quasi-géologique – celle des strates, celle dont une étude stratigraphique est à même d'envisager l'évolution à travers les couches de temps. On n'oubliera pas davantage le lien si étroit entre espace et culture. Il incarne l'un des traits spécifiques de la pensée nietzschéenne qui alterne entre confortation de stéréotypes parfois éculés et fulgurances introduisant un regard neuf dans une culture européenne si conservatrice en une fin de XIXe siècle où l'innovation était plus que jamais remisée dans les marges de la société.

Nietzsche observe tout en construisant son observatoire.

Que voit-il, là-haut, en équilibre précaire sur sa corde de danseur ? Angelika Schober le révèle à sa lectrice et à son lecteur. Elle distingue un pro-européen, à une heure où les nationalismes sont déjà féroces. Elle voit un voyageur dont les circuits sont mentaux plus que géographiques. Savait-on qu'il ne s'était jamais rendu dans ce que, par un raccourci simpliste, on appelle l'Orient ? Elle identifie un savant enthousiaste qui explore les interfaces et les interstices entre les cultures afin de dégager de nouvelles potentialités, comme l'avait fait Goethe avant lui, mais autrement. Elle devine un homme chez qui les contrastes sont tantôt prononcés, tantôt trop prononcés, comme l'humain peut être trop humain. Pour évoluer dans cet environnement si mouvant, Angelika Schober propose un guide. Il en va comme si elle dressait la géocritique d'un échiquier où un philosophe fort de ses idées politiques et esthétiques, de ses connaissances géographiques, de ses postulats culturels jouait avec génie contre ses propres fantômes. Evidemment, cette partie est passionnante.

J'ai appris à planer avec les oiseaux,
Vers le Sud j'ai volé, au-dessus de la mer[1].

Introduction

Cet ouvrage présente la pensée de Nietzsche à partir d'une nouvelle perspective, celle de la « géocritique »[2]. Il analyse les lieux qui comptent pour lui, notamment la France, l'Allemagne et l'Europe. Mais d'autres référents spatiaux existent également : Nietzsche commente aussi des espaces extra-européens, l'Inde, l'Islam et la Chine. A quoi s'ajoute une contrée plus hybride, à la fois géo-localisable et imaginaire, à savoir la Méditerranée où l'Europe et son au-delà se rencontrent[3].

Si Nietzsche s'est compris comme un généalogue des valeurs, on peut dire qu'il a travaillé de plus en tant que stratigraphe des cultures. Car ses commentaires sur les lieux révèlent par moment des strates historiques et permettent de reconstruire leur mémoire. De plus, les espaces ne sont pas hermétiques mais mis en relation.

---

[1]Friedrich Nietzsche, « Dans le Midi », *Chants du prince libre comme l'oiseau. Annexes à Le Gai Savoir, Kritische Studienausgabe* (KSA) en quinze volumes, édité par Giorgio Colli et Mazzino Montinari, Munich, Deutscher Taschenbuch Verlag, 1980 ; Berlin/ New York, de Gruyter 1967 - 1977, KSA III, 641, traduit de l'allemand par Patrick Wotling, *Nietzsche. Le Gai Savoir/ Par-delà [sic !] bien et mal,* présenté par Jean-François Mattéi, Paris, Flammarion, 2008, p. 414.

[2]Au sujet de la « géocritique », voir Bertrand Westphal, *La géocritique. Réel, fiction, espace,* Paris, Editions de minuit, 2007, ainsi que Clément Lévy/ Bertrand Westphal (dir.), *La Géocritique. Etat des lieux,* Limoges, Pulim, 2014.

[3]Je tiens à remercier Anne-Marie Corbin pour sa relecture attentive de mon manuscrit.

Nietzsche fait découvrir des interfaces et effectue un va-et-vient entre l'ici et l'ailleurs. De sorte que sa pensée se caractérise par un dépassement constant des frontières, d'autant plus qu'il aime procéder de manière comparatiste. Ce qui n'empêche pas les lieux commentés d'avoir leurs caractéristiques propres, souvent complexes, dont certaines sont appréciées et d'autres critiquées.

La démarche de Nietzsche se caractérise par le rapprochement de ce qui est éloigné, qu'il s'agisse de cultures ou de données naturelles, la mer et la montagne, le nord et le sud. Ainsi observe-t-il dans la Haute-Engadine que la Finlande et l'Italie s'y rencontrent. Et son esquisse du « bon Européen » de l'avenir confirme le désir d'aller au-delà des frontières, et de réunir les contraires.

Nietzsche pose un regard personnel sur le monde. Ce n'est pas en tant que cartographe scientifique qu'il procède, mais plutôt à la manière d'un peintre impressionniste. Ce qui ne peut étonner, car l'art étant pour lui plus important que les sciences, il considère l'activité artistique comme la « véritable métaphysique de l'homme »[4]. La géocritique de Nietzsche révèle aussi les spécificités de son écriture, à la lisière entre la philosophie et la littérature. Elle confirme ce qu'écrit Franz Rosenzweig à son sujet : il est le premier philosophe dont le vécu personnel sert de base à la réflexion philosophique et s'y reflète constamment[5]. Ses textes permettent du reste non seulement la découverte de différents espaces humains et culturels, elle fait apparaître aussi ses propres concepts principaux, l'Eternel retour du même, la Volonté

---

[4]*La Naissance de la tragédie grecque à partir de l'esprit de la musique,* « Essai autocritique » § 5, KSA I, 17.

[5]Franz Rosenzweig, *Der Stern der Erlösung, Gesammelte Schriften. Der Mensch und sein Werk 2,* 4ème édition réalisée par Reinhold Mayer, La Haye, Martinus Nijhoff, 1976, p. 9-10 ; traduit de l'allemand par Alexandre Derczanski et Jean-Louis Schlegel, Paris, Le Seuil 1982 p. 18.

de puissance et le Surhomme. En effet, dans la pensée de Nietzsche les espaces et les concepts se conditionnent mutuellement.

Souvent l'accès aux espaces se fait à travers les interactions humaines. En parcourant avec Nietzsche les lieux qu'il a commentés, on découvre ceci : chez les personnes qui les représentent il estime la capacité de dépasser leur culture d'origine pour accéder à la transculturalité. Ils peuvent être des personnalités historiques, imaginaires, mythologiques ou religieuses, parmi elles figurent des écrivains, philosophes, musiciens, politiciens, fondateurs de religions etc. Nietzsche souligne, en effet, la correspondance entre les lieux et leurs habitants.

D'après la définition de David Damrosch, Nietzsche a sa place dans la *World Literature,* tout en étant avant tout philosophe : « Une grande œuvre de la littérature peut souvent dépasser sa propre époque et l'espace où il a vu le jour ». Elle constitue néanmoins « une manière privilégiée pour accéder aux valeurs les plus profondes de sa culture d'origine »[6]. Les deux volets sont réunis chez Nietzsche. A plusieurs égards il est « intempestif » et va au-delà de sa culture d'origine. Mais il reflète également quelques données du classicisme allemand en tant que disciple de Goethe et de Schiller.

Pour retracer la géocritique de Nietzsche, nous avons combiné plusieurs approches méthodiques et croisé différents questionnements, de sorte que ce livre s'inscrit à la fois dans le cadre de l'histoire des idées allemande, de l'analyse du champ franco-allemand et des études comparatistes. Les cinq chapitres (I. La France, II. L'Allemagne, III. L'Europe, IV. Par-delà de l'Europe,

[6]David Damrosch, *How to read World Literature,* Wiley-Blackwell, 2009, p. 2.

V. La Méditerranée) permettent de comprendre l'essentiel de la pensée de Nietzsche à l'aide des géosphères qui comptent pour lui. Ils montrent aussi des correspondances significatives entre les espaces et le vécu de l'auteur. A quoi s'ajoute le fait suivant : par-delà les informations sur les pays et les espaces culturels, les différents chapitres illustrent l'anthropologie nietzschéenne, sa critique de la culture, sa philosophie de l'histoire et son esthétique[7]. Nous verrons également que Nietzsche a fait sien, à sa manière, l'appel par lequel Immanuel Kant définit les « Lumières » (*Aufklärung*) : « Aie le courage de te servir de ton propre entendement sans te laisser guider par autrui ». Cette audace se manifeste sous différentes formes et culmine dans le dépassement constant des frontières[8].

---

[7]Pour permettre au lecteur de compléter l'analyse, la bibliographie de ce livre indique les articles que nous avons publiés sur différents aspects de la pensée nietzschéenne.

[8]Dans le livre *Reflets des Lumières dans la pensée allemande,* Paris, L'Harmattan, 2016, nous traitons le « courage de se servir de son propre entendement » aussi chez Friedrich Schlegel, Ernst Cassirer, Lion Feuchtwanger, Raoul Hausmann, Max Horkheimer et Theodor W. Adorno.

I. La France

La France est le pays le plus cité par Nietzsche[9] et ses connaissances proviennent en grande partie de sources livresques. A l'exception de Gabriel Monod rencontré à la fin des années soixante-dix à Bayreuth, et Cosima Wagner fille de Marie d'Agoult et Franz Liszt, Nietzsche ne fréquentait guère de Français, même s'il correspondait avec Hippolyte Taine et Jean Bourdeau. Mais il a séjourné plusieurs fois à Nice rattachée en 1860 à la France. Entre 1883 et 1887 il y passait les mois d'hiver et rédigeait la troisième et la quatrième partie d'*Ainsi parlait Zarathoustra.* « Plusieurs endroits cachés sur les hauteurs silencieuses du paysage niçois » étaient sacrés pour Nietzsche, car il y passait « des moments inoubliables »[10]. En revanche, il n'est jamais allé à Paris, bien que la capitale française surnommée « Cosmopolis » joue un rôle important dans sa pensée. En 1869, à la fin de ses études, il envisageait d'y vivre un an avec son ami Erwin Rohde, mais comme il fut aussitôt nommé professeur de philologie classique à l'Université de Bâle, le projet fut abandonné. Au début des années quatre-vingt, Nietzsche songeait à vivre à Saint Cloud ou à Saint Germain, persuadé que ces petites villes conviennent mieux que Paris à l' « ermite » et « ver pensif » (*Gedankenwurm*) qu'il était à ses propres yeux[11]. Mais cette idée ne fut pas réalisée non plus.

---

[9]L'index établi par Jörg Salaquarda contient quatre cents mentions de la France, ainsi que les noms d'une centaine d'écrivains, philosophes, musiciens, artistes et politiciens français. KSA XV, 302.

[10]*Ecce homo,* « Pourquoi j'écris de si bons livres » § 4, KSA VI, 341.

[11]Lettre à Luise Ott du 15 novembre 1882. Cf. Curt Paul Janz, *Friedrich Nietzsche, Biographie*, vol. 2: *Die zehn Jahre des freien Philosophen,* Munich/ Vienne, Hanser, 1978, p. 162. Le même jour

Nous pouvons néanmoins dire ceci : le constat fait par Nietzsche au sujet de Gotthold Ephraïm Lessing, le grand représentant des Lumières allemandes, vaut aussi pour lui-même : « Il aimait fuir l'Allemagne », il « aimait se réfugier auprès de Diderot et Voltaire »[12]. Nous pouvons dire également que Nietzsche est le premier auteur allemand qui écrit une partie de ses œuvres dans le Midi de la France, même si les raisons de son choix n'étaient pas les mêmes que celles des écrivains de langue allemande qui transformèrent, entre 1933 et 1941, Sanary-sur-Mer en « capitale de la littérature allemande »[13]. Nietzsche a choisi librement de séjourner à l'étranger, il ne fut pas chassé de son pays natal, n'était pas obligé de vivre en exil. Mais à partir de 1879, après avoir pris une retraite anticipée de l'Université de Bâle à cause de ses problèmes de santé, il était au fond un exilé sans domicile fixe, qui vivait la plupart du temps dans des hôtels modestes en Suisse, en France et en Italie.

Très fier que son professeur Friedrich Ritschl ait constaté à l'Université de Leipzig qu'il « composait ses dissertations comme un romancier parisien »[14], Nietzsche aimait intégrer des tournures françaises dans ses textes. Son amour pour la France s'exprime de plus par le fait de

---

Nietzsche écrit au docteur Sulger que des raisons de santé lui font préférer le Midi à Paris. *Ibid.*

[12]*Par-delà le bien et le mal,* Deuxième partie, « L'esprit libre » § 28, KSA V, 46.

[13]L'expression est d'Alfred Kantorowicz. Parmi ces écrivains figurent Bertold Brecht, Thomas et Klaus Mann, Lion Feuchtwanger et Franz Werfel. Cf. *Sur les pas des Allemands et des Autrichiens en exil à Sanary* 1933-1945, édité par la Ville de Sanary sur Mer, 2004. Voir aussi Daniel Azuelos (dir.), *Lion Feuchtwanger und die deutschsprachigen Emigranten in Frankreich von 1933 bis 1941/ Lion Feuchtwanger et les exilés de langue allemande en France de 1933 à 1941. Jahrbuch für Internationale Germanistik,* Reihe A – Band 76, Peter Lang, Bern 2006.

[14]*Ecce homo*, « Pourquoi j'écris de si bons livres » § 2, KSA VI, 301.

vouloir « revenir sur terre en tant que Français »[15]. Mais cela ne signifie pas pour autant que son image de la France soit homogène. En effet, ses écrits semblent faire apparaître non pas **une** France, mais plutôt deux. Nous étudieront donc d'abord celle que Nietzsche aime et surnomme « la France du goût », puis nous présenterons celle, dont il prend ses distances en la ressentant comme grossière ou atteinte de signes de décadence. A la fin du chapitre le focus sera dirigé sur Nietzsche et Baudelaire, et dans ce contexte nous poserons un premier regard sur la mer, telle que Nietzsche l'a perçue.

1. La France du goût

A en croire Nietzsche, la France constitue au XIXe siècle le dernier rempart contre ce qu'il appelle la « vulgarité européenne ». Mais en observant qu'« aujourd'hui encore, la France est le siège de la civilisation la plus spirituelle et la plus raffinée d'Europe, ainsi que la Grande Ecole du goût »[16], il remarque également qu'« il faut savoir [la] trouver ». Car au « premier plan s'agite [...] une France devenue grossière », qui à l'occasion des obsèques de Victor Hugo n'a pas hésité à célébrer une « véritable orgie de mauvais goût »[17]. Par conséquent, « les esprits les plus fins » ont choisi l'émigration intérieure, ils « préfèrent se tenir cachés ». Ce « petit nombre de personnes », composé de « fatalistes », « hypocondriaques », « malades » et enfants gâtés, raffinés jusqu'à l'artifice »[18], ont en

[15] *Ibid.*
[16] *Par-delà le bien et le mal,* Huitième partie, « Peuples et patries » § 254, KSA V, 108.
[17] *Ibid.*
[18] Geneviève Bianquis traduit ainsi *die Verzärtelten und Verkünstelten. Par-delà le bien et le mal,* Paris, Aubier, Editions Montaigne, Collection bilingue des classiques étrangers, 1951, p. 335.

commun de se méfier du monde moderne. Ce qui leur permet de créer une sorte de « musique de chambre de la littérature », que l'on « ne trouve guère ailleurs en Europe »[19].

Cependant, même s'il existe encore des restes de la France du goût au XIXe siècle, elle brillait essentiellement dans le passé. A en croire Nietzsche, elle rayonnait surtout du XVIIe au XVIIIe siècle, pour la caractériser, il souligne une forte présence de la femme et de l'Eros : « Toute la culture et littérature supérieures de la France », lit-on dans *Le cas Wagner,* « ont grandi sur le sol de l'intérêt sexuel ». Ainsi « on pourra chercher partout la galanterie, la compétition sexuelle, la 'femme' », on ne « cherchera jamais en vain »[20]. Nietzsche précise que la France du goût excelle de plus dans la maîtrise d'un style unifié, et qu'elle sait s'adonner à l'art pour l'art. Depuis Montaigne, elle incarne aussi la tradition d'une littérature moraliste, qui dévoile les mobiles secrets des actions humaines.

S'inspirant de cette culture dans ses propres textes – *Humain trop humain, Aurore* et *Le Gai Savoir* notamment –, Nietzsche regrette que l'Allemagne n'ait pas développé de littérature comparable, bien que les aphorismes der Georg Christoph Lichtenberg aillent dans le bon sens. En France, en revanche, la culture moraliste est toujours vivante, surtout chez Stendhal. Nietzsche le considère comme « l'un des plus beaux hasards de [sa] vie »[21], le qualifie de psychologue de premier plan »[22]. En outre il constate que parmi tous les Français de *ce* siècle, Stendhal

---

[19]*Par-delà le bien et le mal,* Huitième partie, « Peuples et patries » § 254, KSA V, 199.
[20]*Le cas Wagner* § 3, KSA VI, 18.
[21]*Ecce homo*, « Pourquoi je suis si avisé » § 3, KSA VI, 285.
[22]*Par-delà le bien et le mal,* Huitième partie, « Peuples et patries » § 254, KSA V, 199.

« a peut-être eu les yeux et les oreilles les plus riches de pensées »[23]. Nietzsche lui découvre encore un autre atout – il n'est pas typiquement français. Il « a trop d'un Allemand et d'un Anglais pour être supportable aux Parisiens »[24], remarque-t-il. Ce côté transnational constitue en effet une grande valeur à ses yeux qu'il décèle aussi chez d'autres auteurs français. C'est le cas de Chamfort, moraliste du XVIIIe siècle, qui était « riche en profondeurs de l'âme, sombre, souffrant, ardent ». D'après Nietzsche, nous avons à faire « plutôt à un Italien, parent consanguin de Dante et de Leopardi, qu'à un Français ». Pour étayer son propos, il rappelle les derniers mots de Chamfort : « Ah ! mon ami, dit-il à Sieyès, je m'en vais enfin de ce monde où il faut que le cœur se brise ou *se bronze* – »[25]. Nietzsche ajoute que « ce ne sont pas, sans doute, les mots d'un Français agonisant »[26].

Nietzsche découvre l'atout transnational et transculturel également dans la musique française, notamment chez Georges Bizet, dont l'opéra *Carmen* l'enchante. Le comparant aux drames musicaux de Richard Wagner, inspirés par la mythologie nordique, il y décèle « un fragment *du Sud en musique* »[27]. Bizet sut ainsi dépasser les frontières, et Nietzsche reconnaît en effet à la France la

---

[23]*Le Gai Savoir,* Deuxième livre § 95, KSA III, p. 450 ; traduit de l'allemand par Patrick Wotling, *Nietzsche ou l'esprit libre. Le Gai Savoir, Par-delà [sic !]bien et mal,* Paris, Flammarion, 2008, p. 152.

[24]*Le Gai Savoir*, Deuxième livre § 95, KSA III, 449. Comme nom d'artiste, Henri Beyle choisit une ville de l'Allemagne du nord : Stendhal.

[25]En français dans le texte.

[26]*Ibid.,* KSA III, 450.

[27]*Par-delà bien et le mal,* Huitième partie, « Peuples et patries » § 254, KSA V, 200 ; Wotling, p. 709. Voir le chapitre V. La Méditerranée, *1. « Il faut méditerraniser la musique »,* p. 114-116, et *3. Carmen et les filles du désert,* p. 133-134.

capacité d'« accueillir » et de « comprendre d'avance » « ces hommes fort rares », qui ne se satisfont pas « de quelque patriotardise (*Vaterländerei*) que ce soit »[28]. Ce qui leur permet d'« aimer le Sud dans le Nord, le Nord dans le Sud », et d'arriver à créer la synthèse des deux. Nous verrons plus loin que Nietzsche perçoit l'aptitude à dépasser les frontières aussi chez quelques Allemands qu'il aime – Goethe, Heine et Beethoven en l'occurrence. Mais il est également possible qu'elle apparaisse chez des auteurs moins appréciés, on pense en particulier à Baudelaire qui serait l'un de « ces amphibiens [...] qui peuvent être aussi bien allemands que français »[29].

Revenons pour l'instant à la France du goût, telle qu'elle se manifestait dans le passé. Au XVIIe siècle Nietzsche la découvre dans les œuvres dramatiques de Corneille, Racine et Molière, mais aussi dans les aphorismes des grands moralistes, La Rochefoucauld, La Bruyère et Vauvenargues. Il apprécie tout particulièrement Pascal, l'auteur français le plus cité[30]. En affirmant que « le sang de Pascal coule dans mes veines »[31], Nietzsche rend hommage à sa finesse psychologique. Mais il aime également sa « conversation » avec Jésus pour avoir révélé « la douceur la plus mélancolique qui ne fût jamais exprimée ». De plus, Pascal est pour Nietzsche « le premier chrétien » en ce qui concerne « la ferveur » et

---

[28] *Ibid.*

[29] *Ecce homo*, « Pourquoi je suis si avisé » § 5, KSA VI, 285.

[30] Cent vingt et une références dans l'index. KSA XV, 339.

[31] Cela vaut aussi pour d'autres auteurs : « Quand je parle de Platon, Pascal, Spinoza et Goethe, je sais que leur sang coule dans mes veines. »
Fragments posthumes, automne 1881, 12[52], KSA IX, 585.

« l'esprit et la loyauté »[32]. Il estime aussi son « allure aristocratique », qui va de pair avec une « aversion envers les « stupides chrétiens égalitaires »[33].

A côté de Pascal, Nietzsche apprécie encore d'autres représentants du catholicisme français – François de Sales, Armand-Jean Le Bouthillier de Rancé et Fénelon notamment. Ce qui peut étonner de la part d'un auteur, dont le nom est souvent accolé à la fameuse phrase « Dieu est mort ». Mais cet apparent paradoxe peut s'expliquer ainsi : le rapport de Nietzsche au christianisme est beaucoup plus nuancé que ne laissent entendre quelques phrases, souvent citées, d'*Ainsi parlait Zarathoustra* ou de *L'Antéchrist*[34]. A quoi s'ajoute un second facteur. De manière générale, Nietzsche apprécie les « grands hommes », les individus d'exception qui arrivent à créer des structures cultuelles, culturelles ou politiques – peu importe en fin de compte par quelles réalisations ils excellent concrètement. Nietzsche les découvre partout dans le monde. En Europe, il cite notamment Alexandre, César Borgia et Napoléon[35], au-delà il évoque Bouddha, Confucius et Mahomet[36].

---

[32]*Aurore,* troisième livre, § 192, KSA III, 165. Cf. Angelika Schober, « Pascal et Nietzsche. Commentaires français », in Denise Leduc-Fayette (dir.), *Pascal au miroir du XIXe siècle*, Paris, NAME, 1993, p. 189-194.

[33]Cf. Georges Morel, *Nietzsche. Introduction à une première lecture*, Paris, Aubier-Montaigne, 1985, p. 363 sq.

[34]Cf. *Nietzsche et le christianisme, Concilium,* n° 165, Paris, Beauchesne 1981 et Paul Valadier, *Nietzsche et la critique du christianisme,* Paris, Les Editions du Cerf, 1974. Voir aussi Angelika Schober, « Nietzsche et le christianisme », dans A. Schober (dir.), *Le christianisme dans les pays de langue allemande. Enjeux et défis,* Limoges, Pulim, 1997, p. 97-108.

[35]Cf. Chapitre V. La Méditerranée, *3. Figures-clés : César Borgia et Napoléon,* p. 130-133.

[36]Cf. Chapitre IV. Au-delà de l'Europe, *2. Cultes, cultures et fondateurs de religions,* p. 95-103.

Dans cette perspective, Nietzsche admire aussi le génie de plusieurs représentants de l'Eglise catholique, en l'occurrence des fondateurs d'ordres religieux comme François de Sales ou Armand Jean le Bouthillier de Rancé[37]. Il estime de plus Fontenelle en voyant en lui un « chrétien parfait sur une base antique »[38]. En écrivant que l'« on ne saurait contester aux Français d'être le peuple le plus chrétien sur terre », Nietzsche ne veut du reste pas dire « qu'en France la dévotion des masses ait été plus grande qu'ailleurs ». Le sens de la phrase est différent. Elle signifie qu'en France « les formes de l'idéal chrétien les plus difficiles à réaliser furent incarnées en des hommes »[39] – et en des femmes peut-on ajouter. Car Nietzsche vénère Madame de Guyon, l'amie spirituelle de Fontenelle. Elle représente à ses yeux l'idéal chrétien de la manière « la plus élevée, la plus aimante, la plus silencieuse, la plus extasiée ». La « naïveté de ses paroles et gestes » exprime à ses yeux quelque chose de « vraiment féminin, délicat et noble », et cet ensemble de qualités mérite le qualificatif « vieille France »[40]. Nous pouvons dire aussi que Madame de Guyon représente un aspect important de la France du goût.

Qu'en est-il du siècle des Lumières ? On constate que la perception du XVIIIe siècle est beaucoup plus contrastée que celle du XVIIe. Ainsi Nietzsche est très critique à l'égard de Rousseau, auquel il reproche notamment d'avoir inspiré la Révolution de 1789 et préparé ainsi le déclin de l'Europe[41]. Mais il apprécie

---

[37]Cf. *Aurore*, Troisième livre § 192, KSA III, 165.

[38]*Fragments posthumes*, été 1880, [5,37], KSA IX, 189.

[39]*Aurore*, Troisième livre, § 192, KSA III, 165.

[40]*Fragments posthumes,* été 1880, KSA IX, 189.

[41]Rousseau est avec Voltaire l'auteur français le plus cité du XVIIIe siècle : soixante-quinze références. KSA XV, 347. Cf. Chapitre I. La France, *2. La France décadente,* p. 30-32.

d'autres écrivains, partisans du mouvement des Lumières comme Chamfort ou Voltaire[42], sans oublier Diderot[43]. Chez ce dernier il estime la perspicacité de « psychologue », et il reconnaît en lui le « si grand auteur »[44] qui sut inaugurer le roman moderne, le drame et la critique d'art[45]. En outre nous remarquons plusieurs affinités entre Diderot et Nietzsche, en ce qui concerne leur perception de la création artistique, ainsi que leur regard posé sur les « hommes d'exception » appelés aussi des génies.

A en croire Nietzsche, « il faut des aubaines [...] pour qu'un homme supérieur [...] arrive à agir avant qu'il ne soit trop tard », et ces aubaines étant rares, de nombreuses personnes n'arriveront jamais à développer leurs talents. Les surnommant des « Rafael sans mains », Nietzsche tire la conclusion suivante : « le génie n'est peut-être pas si rare, mais rares sont les cinq cents mains, dont il a besoin pour saisir le bon moment »[46]. Il pense également que le génie doit savoir agir sans scrupules, et admettre l'existence de deux éthiques différentes – l'une conçue pour les « seigneurs », l'autre imposée aux communs des mortels. Zarathoustra constate ainsi :

---

[42]Cf. Guillaume Métayer, *Nietzsche et Voltaire. De la liberté de l'esprit et de la civilisation,* Paris, Flammarion, 2010.

[43]Neuf mentions dans *Humain, trop humain, Aurore, Par-delà le bien et le mal* et les *Fragments posthumes* de 1873 et 1987/88. Index, KSA XV, 295.

[44]*Humain, trop humain. Un livre pour esprits libres,* deuxième volume, Première partie, « Opinions et sentences mélangées » § 113; KSA II, 425.

[45] *Ibid.*

[46]*Par-delà le bien et le mal,* Neuvième partie, « Qu'est-ce qui est noble ? » § 274 « Du problème de l'attente », KSA V, 228. En soulignant l'impact du moment propice, Nietzsche rejoint Nicolas Machiavel qui parle de la *qualità dei tempi.* Cf. Angelika Schober, « Diderot et Nietzsche », *Diderot Studies* XXV, Droz, Genève 1993, p. 89-107.

« N'est-il pas nécessaire qu'il y ait des taupes et des nains lourds, afin que puisse exister le plus léger ? Ne faut-il pas quelque chose par-dessus on peut danser? »[47].

Une image de la vie végétale sert à illustrer les « hommes de génie » et autres « seigneurs ». Nietzsche les compare à des plantes grimpantes, originaires de l'île de Java et appelées *Sipo Matador*, qui utilisent les arbres pour atteindre la lumière. Les privant de lumière et d'eau, ils les font mourir, et illustrent ainsi que « d'autres êtres doivent rester inférieurs et se sacrifier »[48]. Diderot fait le même constat en utilisant une image analogue. D'après le neveu de Rameau, le génie est « un arbre qui a fait sécher quelques arbres plantés dans son voisinage, qui a étouffé les plantes qui croissent à ses pieds », et qui arrive ainsi à porter « sa cime jusque dans la nue »[49]. Il ajoute qu' « une multitude de gens médiocres » sont nécessaires pour faire éclore un homme de génie[50], et affirme que les génies « ne savent pas ce que c'est d'être citoyens, pères, mères, parents, amis »[51]. Comme Nietzsche, Diderot n'hésite pas à situer le génie dans la proximité des grands « aventuriers et criminels »[52], à son instar il indique aussi des conséquences positives de leur égoïsme. Ainsi l' « arbre isolé » qu'est le génie « produit des fruits d'un goût exquis [...] qui se renouvellent sans cesse ». De plus, il prête « son ombre à ceux qui venaient, qui viennent et qui viendront se reposer autour de son tronc ». Si Racine « a fait souffrir quelques êtres qui ne

---

[47]*Ainsi parlait Zarathoustra,* Troisième partie, « Des tables anciennes et nouvelles » § 3, KSA IV, 248.

[48]*Par-delà le bien et le mal,* Neuvième partie, « Qu'est-ce qui est noble ? » § 258, KSA V, 207.

[49]Denis Diderot, *Le neveu de Rameau,* édité par Fernand Mitton, Paris, Guy Le Prat, 1947, p. 36.

[50]*Ibid.,* p. 29.

[51]*Ibid.,* p. 31.

[52]*Fragments posthumes*, printemps 1888,* 14 [182], KSA XIII, 366.

sont plus […], dans mille ans d'ici, il inspirera l'humanité, la commisération, la tendresse »[53]. De son côté, Nietzsche souligne la « bonté particulière » caractérisant l'homme supérieur quand il est arrivé au sommet et se découvre seigneur[54].

Quant à la création artistique, avec Yvon Belaval nous constatons ceci : Diderot perçoit l'enthousiasme et le délire qui la précédent, « dans des formes assez proches » de Nietzsche[55]. Nous remarquons en effet que Diderot souligne, comme Nietzsche, la complémentarité de deux principes contraires qui sont étroitement reliés, même s'il ne se réfère pas au « couple » Dionysos et Apollon, tel que le fait Nietzsche. Sa propre façon de travailler en témoigne. Dans une lettre à Catherine II de Russie, Diderot écrit que lorsqu'il est pris par un projet, sa « besogne [le] poursuit partout »[56]. Dans cet état d'effervescence, il oublie le monde entier, à l'exception de l'œuvre en gestation. Elle s'empare de lui, et avec Nietzsche nous pouvons dire que Diderot « est devenu œuvre d'art »[57]. Ensuite la fusion prend fin, le calme revient, la rédaction des pensées peut commencer[58].

Dans *Le Rêve de d'Alembert,* Diderot illustre d'une certaine manière ce qu'entend Nietzsche par l' « état dionysiaque », qui permet la perception de « l'unité

---

[53]*Le neveu de Rameau*, p. 36.

[54]*Par-delà le bien et le mal*, Neuvième partie, « Qu'est-ce qui est noble », § 273, KSA V, 227.

[55]Yvon Belaval, *L'esthétique sans paradoxe de Diderot*, Paris, Gallimard, 1950, p. 271.

[56]Lettre à Catherine II de Russie de décembre 1773, *Correspondance de Diderot* éditée par Georges Roth, Paris, Editions de Minuit, 1955 - 1968, XIII, p. 130-131.

[57]Cf. *La Naissance de la tragédie* §1, KSA I, 30 ; voir Chapitre V. La Méditerranée, *3.Figures-clés : Dionysos,* p. 138-140.

[58]Lettre à Catherine II, *op. cit.*

originelle » de tout ce qui existe et révèle l'alternance entre la vie et la mort. En effet, Diderot parle d'un « flux perpétuel »[59]. Rentrant d'une soirée bien arrosée, d'Alembert s'exclame ainsi : « Pauvres philosophes ... que voulez-vous dire avec vos individus ? Il n'y en a point, non il n'y en a point ... Il n'y a qu'un seul grand individu, c'est le tout ». L'ivresse lui permet de plus de se rendre compte du fond obscur de l'existence : « Et la vie? », s'écrie-t-il, « la vie, une suite d'actions et de réactions ... Vivant, j'agis en masse ... mort, j'agis en molécules ... Je ne meurs donc point? Non, ... je ne meurs point en ce sens, ni moi, ni quoi que ce soit ... Naître, vivre et passer, c'est changer de formes »[60]. En anticipant l'état dionysiaque selon Nietzsche, Diderot ajoute que « tous les êtres circulent les uns dans les autres ... tout est en un flux perpétuel... »[61].

2. *La France décadente*

La décadence est pour Nietzsche un phénomène complexe. Dans un premier temps, il l'entend seulement comme synonyme d'un déclin de la culture[62], mais par la suite d'autres implications sont inclues. Ce qui veut dire qu'il

---

[59]Une fiche parmi les fragments inédits indique que Nietzsche voulut se procurer une traduction allemande du livre. Il s'agit sans doute d'une demande adressée à la Bibliothèque universitaire de Bâle ou à un libraire.

[60]*Le Rêve de d'Alembert*, Paris, Garnier Flammarion, 1970, p. 94-95.

[61]*Ibid.,* 93.

[62]Après la lecture de Paul Bourget, pendant l'hiver 1883/84, la décadence appartient aux « notions de base » de Nietzsche. Cf. Dieter Borchmeyer, „Nietzsche und Wagner“, in Barbara Neumeyer, Andreas Urs Sommer (dir.), *Nietzsche als Philosoph der Moderne,* Akademie Konferenzen n° 9, Heidelberger Akademie der Wissenschaften, Universitätsverlag Winter, 2012, p. 118.

perçoit la décadence comme « l'incapacité à dominer la crise de la forme », tout en relevant des « extraits cachés de la réalité »[63]. Quant à sa propre biographie, il constate : « Autant que Wagner je suis un enfant de cette époque, à savoir un *décadent* : à la différence près que je m'en rendais compte, et que je m'en défendais. Le philosophe en moi s'en défendait »[64].

En ce qui concerne la France, Nietzsche n'est pas le premier à déplorer ses transformations au XIXe siècle. Heinrich Heine, l'un de ses auteurs préférés, le fait aussi. Ayant vécu à Paris de 1831 jusqu'à sa mort en 1856, il écrit avec beaucoup d'ironie : « Ô Rhin mon père ne crains pas l'humour cynique des Français ». Une telle angoisse n'est pas de mise, car « ils ne sont plus les Français d'hier ». « Ils ne chantent plus, ne sautent plus », mais portent « des pantalons nouveaux » – en « baissant la tête de façon pensive ». A en croire Heine, les Français du XIXe siècle « ne sont plus les disciples de Voltaire », mais sont devenus des philistins à l'image des Allemands ; ils forment désormais un peuple aigri[65]. Allant dans le même sens, Nietzsche constate en 1885 que « l'âme française s'est rétrécie ». Il regrette qu'à l'ardeur de jadis se soit substituée une frilosité inquiétante : « On souffre à Paris comme on souffre des vents d'automne froids [...],

---

[63]Guliano Campioni, *Der französische Nietzsche*, traduit de l'italien par Renate Müller-Buck et Leonie Schröder, Walter de Gruyter, Berlin, New York, 2009, p. 329.

[64]*Le cas Wagner,* cité par Karl Löwith, *Nietzsches Philosophie der ewigen Wiederkehr des Gleichen,* (Rome 1934), Stuttgart, Kohlhammer, 1956, p. 141.

[65]Heine appelle les Allemands des *Hengstenberger* en faisant un jeu de mots avec *Hengstenberg,* la célèbre marque de vinaigre. Cf. *Deutschland, ein Wintermärchen,* Caput V; Heinrich Heine, *Sämtliche Werke. Historisch-kritische Gesamtausgabe*, édité par Manfred Windfuhr, Düsseldorf, Hoffmann und Campe, 1985, vol. 4, p. 102.

comme si l'hiver approchait, le dernier hiver, l'hiver définitif »[66].

La critique nietzschéenne de la France du XIXe siècle est fondée en grande partie sur sa lecture de revues littéraires, *Le Journal des Débats*[67] ainsi que la *Revue des deux mondes* notamment. A quoi s'ajoutent des références à quelques « romanciers parisiens ». Dans les *Notes sur Paris* d'Hippolyte Taine, et dans les *Essais* de Paul Bourget, Nietzsche apprécie la description du Parisien, car il apparaît comme l'homme moderne par excellence, qui souffre de nervosité et d'une volonté affaiblie. De plus, Nietzsche découvre chez le Parisien ce que « l'Europe a engendré d'extrême »[68]. Appréciant également la métaphore de la jungle utilisée par Baudelaire et Balzac pour décrire Paris[69], il s'en sert pour critiquer l'idée du progrès : « Quelle notion est plus stupide que celle du progrès » note Nietzsche pendant l'hiver 1887/88. Car « chaque jour nous prouve de nouveau que l'homme reste le même, c'est-à-dire un sauvage ». Il se demande donc : « Que sont les dangers de la forêt tropicale et de la steppe comparés aux menaces quotidiennes de la civilisation moderne? ». Il conclut par ces mots : « Si l'homme attrape sa victime affolée dans les rues de la grande ville ou s'il transperce son butin dans les forêts inexplorées, ne reste-t-il pas toujours l'homme, c'est-à-dire la bête de proie la plus féroce ? »[70].

---

[66] *Fragments posthumes,* mai-juin 1885, 35[34], KSA XI, 525.
[67] Cf. Campioni, *Der französische Nietzsche*, p. 329.
[68] *Fragments posthumes,* hiver 1883-84, 24 [25], KSA X, 659.
[69] Cf. Honoré de Balzac, Fusées XXIII, *Mon cœur mis à nu, œuvres posthumes* ; Campioni, p. 86.
[70] *Fragments posthumes,* 11 [234],1887-88, *Kritische Gesamtausgabe,* éditée par Giorgio Colli et Mazzino Montinari, continuée par Wolfgang Müller Lauter et Karl Pestalozzi, Berlin/ New York, Walter de Gruyter, 2000, KGW VII/2.

Cherchant à comprendre l'origine des transformations de la France au XIXe siècle, Nietzsche les attribue en partie à des influences étrangères, allemandes et anglaises en l'occurrence. L'accueil favorable réservé à Hegel et Schopenhauer en philosophie, ainsi que celui à Wagner en musique, était néfaste à ses yeux. A quoi s'ajoute le modèle britannique dans le domaine politique. En effet, pour Nietzsche « la vulgarité européenne », et « le 'plébéisme' des idées modernes, sont l'œuvre de l'Angleterre ». Il regrette que la France ait succombé à la « maudite anglomanie », en propageant des idées anglaises comme des valeurs françaises. Car ainsi « les Français sont devenus non seulement les singes et les comédiens de ces idées », « mais aussi leurs meilleurs soldats », et « malheureusement leurs premières *victimes* »[71].

Nietzsche est conscient du fait que les évolutions au XIXe siècle ne résultent pas exclusivement d'influences étrangères. Il leur reconnaît aussi des racines françaises décelées dans la Révolution de 1789. Nietzsche a beau être un esprit iconoclaste qui demande la destruction des tables anciennes, la Révolution française lui paraît extrêmement problématique. Pour quelles raisons ? On constate que l'argumentation nietzschéenne diffère fondamentalement de celle de Friedrich Schiller, qui approuve les **idées** révolutionnaires, tout en rejetant la politique de la Terreur. Après l'exécution de Louis XVI le 22 janvier 1793, Schiller écrivit ces lignes à son ami Körner : « Depuis une quinzaine de jours, je n'arrive plus à lire des journaux français tant me dégoûtent ces bourreaux misérables ». Nietzsche, par contre, critique autre chose. La « *farce* sanglante que fut le déroulement de cette Révolution [et] son 'immoralité' » le touchent peu. Ce

---

[71] *Par-delà le bien et le mal*, Huitième partie, « Peuples et patries » § 253, KSA V, 197.

qu'il désapprouve, c'est « sa *moralité* rousseauiste » issue de quelques « prétendues vérités ». Il regrette notamment qu'à son époque leurs effets se « fassent toujours ressentir », et que leur attractivité reste grande en attirant « tout ce que l'humanité compte de plat et de médiocre»[72]. Parmi les « prétendues vérités », Nietzsche fustige surtout le principe d'égalité, en allant jusqu'à dire qu' « il n'existe pas de poison plus toxique ». A vrai dire il perçoit l'égalité comme une « dynamite chrétienne »[73] laïcisée, et l'un de ses principaux reproches contre le christianisme est précisément celui-ci : en annonçant « l'égalité des **âmes** devant Dieu », il aurait préparé le chemin aux hommes « moutonniers » au détriment des individus d'exception. Mais en faisant ce constat, Nietzsche oublie, rappelons-le, d'avoir reconnu ailleurs que le christianisme a produit en France des personnalités hors du commun à l'instar de Fénelon ou François de Sales. Ce paradoxe peut néanmoins s'expliquer ainsi : Nietzsche anticipe la définition du christianisme donnée par Guglielmo Ferrero, selon laquelle il s'agit d'une « religion des masses, couronnée par une resplendissante super-aristocratie de docteurs et de saints »[74].

Nietzsche reproche à la Révolution française de 1789 d'avoir préparé le « règne des foules » qui caractérise l'Europe du XIXe siècle. Avec sa « double nature d'idéaliste et de *canaille* », elle fit disparaître « la dernière noblesse politique qui subsistât en Europe, celle du dix-septième et dix-huitième siècle *français* ». De plus elle

---

[72]*Crépuscule des idoles, «* Divagations d'un intempestif » § 48, KSA VI, 150 ; traduit de l'allemand par Jean-Claude Hémery, Paris, Gallimard, folio essais, 1988, p. 139.

[73]*L'Antéchrist* § 62, KSA VI, 252.

[74] Guglielmo Ferrero, *Pouvoir. Les génies invisibles de la cité,* New York, Brentano 1943, Paris, Plon, 1945, p. 47; cité d'après Jean-Luc Evard, « Bref éloge de l'élite à venir », *Conférence* n° 25, automne 2007, p. 523.

permit aux « instincts *populaires* du ressentiment » de triompher[75]. Ce sont précisément ces « instincts populaires » que Nietzsche décèle chez plusieurs auteurs français de son époque qu'il surnomme « mes impossibles ». Ainsi Victor Hugo est pour lui « le phare au bord de l'Océan de l'Absurde », Emile Zola évoque « le plaisir de puer », et George Sand est traitée de « *lactea ubertas* », c'est-à-dire de « vache laitière 'au style élégant' »[76]. Flaubert, Sainte-Beuve et Ernest Renan ne sont pas non plus à l'abri de son sarcasme.

Nietzsche ressent Sainte-Beuve comme un « plébéien dans ses instincts les plus bas et proche du *ressentiment* », « un romantique – car sous tout *romantique* gronde et grogne, épris de revanche, l'instinct de Rousseau »[77]. Il lui reproche aussi un déficit de virilité : « *Sainte-Beuve*. Rien de viril : plein d'une mesquine rancœur contre tous les esprits virils. Il rôde, fin, curieux, blasé, aux aguets, – une vrai femme, au fond avec des rancunes de femme et une sensualité de femme ». Plus encore, Nietzsche déplore qu'il possède « le génie de la *médisance* (en français dans le texte) », car « nul ne sache mieux mêler l'éloge au venin ». Il serait même « ulcéré par tout ce qu'il y a de grand dans l'homme » en méprisant « tout ce qui croit en soi ». Nietzsche n'aime pas non plus sa « gourmandise du *libertin* cosmopolite, dépourvue du courage d'avouer son *libertinage* »[78].

---

[75]*Crépuscule des idoles,* « Divagations d'un intempestif » § 48, KSA VI, 150 ; Hémery, p. 139.

[76]*Crépuscule des idoles,* « Divagations d'un « intempestif » § 1, KSA VI, 111 ; Hémery, p. 83.

[77]*Crépuscule des idoles,* « Divagations d'un intempestif » § 3, KSA VI, 112.

[78]« Libertin » et « libertinage » sont en français dans le texte. *Crépuscule des idoles,* « Divagations d'un intempestif » § 3, KSA VI, 113 ; Hémery p. 86.

En ce qui concerne Renan, Nietzsche ne l'apprécie pas davantage, et l' « esprit de Renan qui détruit les nerfs », constitue à ses yeux « une calamité supplémentaire pour la pauvre France malade d'aboulie »[79]. Nietzsche s'avoue incapable de « tenir en main l'*Imitatio Christi* sans éprouver une résistance physiologique », parce qu'il n'aime pas le « *parfum* d'éternel féminin » que dégagerait cet ouvrage[80]. Il pense même qu'il faut « être Français – ou wagnérien » pour l'apprécier[81].

Les remarques précédentes au sujet de Sainte Beuve et Renan peuvent étonner à cause de leur charge contre la féminité. Car nous avons vu qu'au même moment, à la fin des années quatre-vingt, Nietzsche fait aussi l'éloge de la femme dans la culture française des XVIIe et XVIIIe siècles. Son aversion à l'égard du « féminin » chez Sainte Beuve et Renan s'inscrit, en effet, dans un registre différent et devrait être comprise devant l'arrière-plan de la critique de Wagner ainsi que de son accueil en France. Nietzsche n'apprécie pas que suite au scandale provoqué par le *Tannhäuser* à l'Opéra de Paris, plusieurs écrivains aient pris sa défense[82]. Car depuis sa propre rupture avec Wagner, il accuse ses drames musicaux d'émerger d'un fond pathologique. Nietzsche pense notamment que ce « côté maladif n'est ni voulu, ni le fruit du hasard, ni une

---

[79]*Crépuscule des idoles,* « Divagations d'un intempestif » § 1, KSA VI, 112. Nietzsche trouve Renan et Sainte-Beuve « beaucoup trop mièvre ». Lettre à Resa von Schirnhuber du 11 mars 1885, KSA XV, 14.

[80]En français dans le texte.

[81]*Crépuscule des idoles,* « Divagations d'un intempestif », § 4, KSA VI, 92.

[82]Cf. Charles Baudelaire, « Richard Wagner et *Tannhäuser* à Paris », in *Baudelaire, critique d'art* suivi de *Critique musicale,* Paris, Gallimard, folio essais 1998 (première édition 1992).

exception – mais constitue son essence même »[83]. Convaincu que Wagner « connait seulement des femmes hystériques »[84], il appelle « Senta, Brunehilde, Kundry » une « charmante galerie de cas pathologiques »[85].

Nous voyons donc que les observations nietzschéennes sur la France et la femme visent deux types du féminin. A celui qu'il voit apparaître dans la culture de l'Ancien Régime, et pour lequel il éprouve beaucoup d'estime, s'oppose un autre type qui se manifeste au XIXe siècle et qu'il déteste. Car il lui rappelle les héroïnes de Wagner. Par ailleurs, Nietzsche ne voit guère de différence entre Wagner et Flaubert à ce sujet, la remarque suivante le prouve : « Le croiriez-vous, toutes les héroïnes de Wagner, sans exception, aussitôt qu'on les a dépouillées de leur accoutrement héroïque, ressemblent à s'y méprendre à Madame Bovary ! » A l'inverse, « Flaubert était *libre* de traduire son héroïne en scandinave ou en carthaginoise et de la livrer alors, mythologisée, en façon de livret, à Wagner »[86].

---

[83]*Fragments posthumes,* printemps 1888,15 [99], KSA XIII, 465.
[84]*Fragments posthumes,* printemps 1888, 15 [16], KSA XIII, 415.
[85]*Ibid.* Cf. « Le pouvoir au féminin chez Nietzsche », in Aline Le Berre, Angelika Schober, Florent Gabaude (dir.), *Le pouvoir au féminin. Spielräume weiblicher Macht. Identités, représentations et stéréotypes dans l'espace germanique,* Limoges, Pulim, 2013, p. 57-68.
[86]Jacques le Rider, *L'Allemagne au temps du réalisme. De l'espoir au désespoir. 1848-1890*, Paris, Albin Michel, 2013, p. 446. Voir aussi Le Rider, *Nietzsche et Flaubert, Nietzscheforschung* n° 14, décembre 2007.

3. Nietzsche et Baudelaire

Nietzsche a bien saisi les parallèles entre la France et l'Allemagne en ce qui concerne Wagner et le romantisme français, et il indique l'existence d'un espace franco-allemand dans ce domaine. Pour lui, Baudelaire est l'un de « ces amphibiens [...] qui peuvent être aussi bien allemands que français »[87]. Car la poésie du « pessimiste Baudelaire » exprimerait « ce qu'on appelle en Allemagne *Gemüth* ou 'mélodie infinie' – voire le miaulement mélancolique d'un chat (*Katzenjammer*) »[88].

Baudelaire est pour Nietzsche le « premier Wagnérien intelligent », et il trouve « beaucoup de Wagner chez Baudelaire »[89], trop à son goût. La plupart de ses commentaires sont donc très critiques, mais quelques affinités existent néanmoins entre les deux auteurs. Selon Walter Benjamin, « l'attitude héroïque de Baudelaire est « proche de celle de Nietzsche », car « si Baudelaire maintient le catholicisme, son expérience de l'univers est précisément du même registre que celle que Nietzsche résume dans la phrase 'Dieu est mort' »[90]. D'autres convergences existent également et méritent l'attention. Ainsi la préface pour une nouvelle édition des *Fleurs du Mal* aurait pu être écrite par Nietzsche, du moins l'observation suivante : « La France traverse une phase de vulgarité. Paris, centre et rayonnement de bêtise

---

[87] *Ecce homo*, « Pourquoi je suis si avisé » § 5, KSA VI, 285.

[88] *Fragments posthumes*, juin-juillet 1885, KSA XI, 601.

[89] *Ibid.*

[90] Walter Benjamin, « Zentralpark », *Illuminationen, Ausgewählte Schriften,* Francfort sur le Main, Suhrkamp Verlag, 1977, p. 241. Sur Nietzsche et Baudelaire voir aussi Geneviève Bianquis, « Nietzsche, lecteur de Baudelaire », *Bulletin de la Société française d'études nietzschéennes,* n° 1, novembre 1961 ; voir aussi Till Kuhnle, « Nietzsche, lecteur de Baudelaire », *Cahiers Benjamin Fondane* n°15 *Baudelaire et l'expérience du gouffre*, 2015.

universelle »[91]. Une autre remarque de Baudelaire correspond également à ce que pense Nietzsche : « Je sais que l'amant passionné du beau style s'expose à la haine des multitudes ; mais aucun respect humain, aucune fausse pudeur, aucune coalition, aucun suffrage universel ne me contraindrons à parler le patois incomparable de ce siècle »[92]. Nous constatons même une affinité au sujet de George Sand : Baudelaire l'aime aussi peu que Nietzsche. Tandis que le second la traite de « vache laitière au style élégant », le premier affirme : « Elle n'a jamais été artiste. Elle a le fameux style coulant cher aux bourgeois [...]. Elle a dans les idées morales la même profondeur de jugement et la même délicatesse de sentiment que les concierges et les filles entretenues »[93].

Nietzsche ne semble pas avoir connu ces positions baudelairiennes, du moins il ne les cite pas. Il n'a guère saisi non plus qu'il est proche de lui pour d'autres raisons encore. A commencer par la perception de l'homme comme un abîme. Au sujet de Zarathoustra, surnommé le « plus méchant des pêcheurs d'hommes », on apprend que « c'est surtout dans le monde des hommes, dans la mer humaine » qu'il plonge sa canne à pêche en or et qu'il dit : « Ouvre-toi, abîme humain »[94]. De son côté Baudelaire écrit :

[91]*Les fleurs du mal et autres poèmes,* chronologie et préface par Henri Lemaire, Paris, Garnier-Flammarion, 1964, p. 242.

[92]*Ibid.,* p. 243. Cf. Chapitre III. L'Europe *2. Le règne des foules et la presse,* p. 85-86.

[93]Cité par Cécile Jaurès, « George Sand, la liberté d'être », *La Croix,* 29-30 juillet 2017, p. 25.

[94]*Ainsi parlait Zarathoustra,* Quatrième partie, « L'offrande de miel », KSA IV, 297 ; traduit de l'allemand par Georges-Arthur Goldschmidt, Paris, Le livre de poche, 1983, p. 335. C'est une sorte de parodie de Moïse qui commanda à la Mer Rouge de s'ouvrir pour permettre aux Hébreux de quitter l'Egypte.

Homme libre, toujours tu chériras la mer !
La mer est ton miroir : tu contemples ton âme
Dans le déroulement infini de sa lame,
Et ton esprit n'est pas un gouffre moins amer.
[…] Homme, nul n'a sondé le fond de tes abîmes[95].

Nous observons en outre que trois thématiques traitées par Baudelaire, et reliées entre elles, préoccupent aussi Nietzsche, même s'il ne les orchestre pas de la même manière. A côté de la mer, il s'agit du voyage et de la volupté. Par la bouche de Zarathoustra Nietzsche chante la volupté, en affirmant qu'elle est « le paradis sur terre »[96], « pour les cœurs libres et innocents ». Etant donné qu'elle constitue « un grand réconfort pour ceux qui ont une volonté de lion », Nietzsche la considère comme « le grand bonheur parabole d'un bonheur plus haut et du suprême espoir »[97]. Mais en fonction des hommes qui l'éprouvent, il la décrit également comme « un doux poison pour tout ce qui est fané », « l'épine et l'écharde pour tous les contempteurs du corps en chemises de pénitents ». A quoi s'ajoute le constat suivant : « Volupté : pour la canaille, le lent feu où on brûle ; le four bouillonnant et ronflant prêt pour le bois vermoulu et les torchons puants »[98].

Baudelaire en revanche ne souhaite pas distinguer deux formes de volupté, l'une positive, l'autre négative, mais la perçoit toujours de façon positive, telle qu'elle apparaît dans l' « Invitation au voyage » :

---

[95]*Les fleurs du Mal,* Spleen et idéal, poème XIV « L'homme et la mer », p. 46-47.

[96]Littéralement « le jardin terrestre » (*Garten der Erde*) ; Nietzsche fait un jeu de mot avec *Garten Eden,* nom biblique pour le paradis. *Ainsi parlait Zarathoustra,* Troisième partie, « Des trois maux » § 2, KSA IV, 237.

[97]*Ibid.* Goldschmidt, p. 265-266.

[98]*Ibid.*

Mon enfant, ma sœur ;
Songe à la douceur
D'aller là-bas vivre ensemble !
Aimer à loisir ;
Aimer et mourir
Au pays qui te ressemble !
Là, tout n'est qu'ordre et beauté,
Luxe, calme et volupté[99].

Pourquoi Nietzsche suspecte-t-il donc Baudelaire d'avoir « prononcé une « malédiction contre la volupté »[100]? Il ne donne pas de précisions, mais nous pouvons comprendre ses raisons à l'aide du regard différent posé par les deux auteurs sur la mort et la maladie. Car il se reflète dans leurs approches respectives de la volupté. Tandis que Baudelaire n'hésite pas à intégrer la mort et la maladie pleinement dans ses textes, Nietzsche essaie le plus souvent de les éviter, du moins il les traite de façon beaucoup plus discrète.

La mort est peu thématisée par Nietzsche, même s'il l'évoque au sujet de l'amour passionnel de *Carmen* à travers le dernier cri de Don José : « Oui, je l'ai tuée, moi, ma Carmen adorée »[101]. De plus, elle apparait au début d'*Ainsi parlait Zarathoustra,* lorsque le saltimbanque fait sa chute mortelle. Elle est présente également, de façon sous-jacente, à travers la thématique de la mort de Dieu. Mais étant donné que Nietzsche s'est compris comme un philosophe de la vie, la mort est le plus souvent tenue à l'écart[102]. Ce n'est que dans le dernier ouvrage que

[99]Charles Baudelaire, *Les fleurs du mal et autres poèmes,* Spleen et idéal, LIII.- « L'invitation au voyage », p. 77-78.
[100]*Fragments posthumes,* printemps 1884, 25 [178], KSA XI, 61.
[101]*Le cas Wagner* § 2, KSA VI, 15.
[102]Ainsi il n'a finalement pas intégré la figure shakespearienne Yorick dans ses textes publiés. Voir Chapitre V. La Méditerranée, *3.Figures-clés : Christophe Colomb,* p. 27-128.

Nietzsche a préparé à la publication, les *Dithyrambes de Dionysos,* qu'elle est accueillie. Certes, la majeure partie de ces poèmes furent rédigés au début des années quatre-vingt, au moment de la rédaction du *Zarathoustra,* mais Nietzsche veut les publier seulement en janvier 1889, juste avant son effondrement psychique et physique. Dans la troisième partie du poème « Le soleil décline » il écrit :

« Sérénité d'or*, viens !
Toi, le plus secret,
le plus suave avant-goût de la mort !
[...]
Espoirs et vœux se sont noyés
l'âme lisse, lisse la mer...
[...]
Légère, un vrai poisson d'argent,
ma nef gagne le large maintenant[103].

Non seulement le rapport à la mort est différent chez Nietzsche et Baudelaire, c'est aussi le cas de la maladie, et cette donnée se reflète dans leurs interprétations respectives de la volupté. Les textes nietzschéens révèlent une constante recherche de santé[104], il n'est question pour lui de représenter une personne malade. Baudelaire par contre le fait. Dans le poème « A une mendiante rousse », l'attrait érotique de la femme émane en grande partie de

---

[103] *Dithyrambes de Dionysos,* KSA, VI, 396 ; traduit de l'allemand par Jean-Claude Hémery, *Friedrich Nietzsche. Œuvres philosophiques complètes,* tome VIII*** : *Dithyrambes de Dionysos/ Poèmes et fragments poétiques posthumes,* édition bilingue (1882-1888), textes et variantes établis par C. Colli et M. Montinari, traduit de l'allemand par Jean-Claude Hémery, Paris, nrf, Gallimard, 1975, p. 53-53. *Nous préférons traduire *güldene* par « d'or » au lieu d'écrire « vrai trésor » comme le fait Hémery.

[104] « J'ai établi ma philosophie à partir de ma volonté de santé et de *vie.* » *Ecce homo,* « Pourquoi je suis si sage » § 2, KSA VI, 267.

son état maladif – ce que Nietzsche ne peut ressentir autrement que comme « une malédiction » prononcée à l'égard de la volupté.

Dans ce contexte on constate aussi qu'il est insensible à une esthétique du laid qui permet à Baudelaire de relier la maladie, la mort et la volupté. Pour Nietzsche, ni la mort, ni la maladie, ni la souffrance des déshérités ne peuvent faire émerger la beauté. De plus, il est convaincu que tout ce qui est laid indique seulement « la décadence d'un type », fait apparaître « un manque de coordination des désirs intérieurs »[105], voire le « recul de la force organisatrice ou de la volonté »[106]. A son avis, la laideur « affaiblit et déprime l'homme ». Etant donné qu'elle rappelle « la décrépitude, le danger, l'impuissance », elle fait diminuer « la volonté de puissance ». La beauté, en revanche, agit différemment : c'est « avec le beau » que les forces de l'homme augmentent[107]. Dans le *Crépuscule des idoles* Nietzsche confirme ses réflexions fragmentaires. Il décèle les indices du laid dans « tout signe d'épuisement, de lourdeur, de vieillesse, de fatigue », en précisant que cela vaut surtout pour « l'odeur, la couleur, la forme de la décomposition ou de la putréfaction ». Il ajoute que c'est ainsi, même si elle « apparaît seulement dans sa suprême dilution », c'est-à-dire « en tant que symbole »[108]. Nietzsche choisit donc une position diamétralement opposée à celle de Baudelaire, dont le poème « Une charogne » esthétise en effet la décomposition d'un cadavre, en le reliant en même temps à la volupté[109].

---

[105]*Fragments posthumes,* printemps 1888, 14 [119], KSA XIII, 296.
[106]*Fragments posthumes,* printemps 1888, 14 [117], KSA XIII, 294.
[107]*Ibid.*
[108]*Crépuscule des idoles,* « Divagations d'un intempestif » § 20, KSA VI, 24.
[109]*Les fleurs du mal et autres poèmes,* « Une charogne », XXIX – Spleen et idéal, p. 57-58.

Sans prétendre ici à une comparaison exhaustive des affinités et différences entre Nietzsche et Baudelaire, nous pouvons dire que Baudelaire est beaucoup plus sombre. En témoigne aussi le thème du voyage qui rapproche les deux auteurs tout en les séparant. Ils déplorent que l'homme moderne ressemble à un beau navire fait pour traverser l'océan, mais préfère rester dans le port. Cependant, les enjeux du grand large se présentent autrement. « Colomb » et le « vieux capitaine », les protagonistes du grand départ, se distinguent de façon significative. Une fois de plus, c'est la mort qui fait la différence. Baudelaire la fait triompher en terminant son poème « Le voyage » par ces vers :

O Mort, vieux capitaine, il est temps ! levons l'ancre !
Ce pays nous ennuie, ô Mort ! Appareillons !
Si le ciel et la mer sont noirs comme de l'encre,
Nos cœurs que tu connais sont remplis de rayons !

Verse-nous ton poison pour qu'il nous réconforte !
Nous voulons, tant ce feu nous brûle le cerveau,
Plonger au fond du gouffre, Enfer ou Ciel, qu'importe ?
Au fond de l'Inconnu pour trouver du *nouveau !*[110]

Chez Nietzsche, le nouveau est plus lumineux. Le ciel et la mer ne sont pas « noirs comme de l'encre » mais bleus, de sorte qu'un autre infini apparaît :

Là-bas – je *veux* aller ; et je me fie
désormais à moi et à mon poignet.
La mer est là qui s'offre, vers l'azur
se lance mon bateau génois.

---

[110]Charles Baudelaire, *Les fleurs du mal et autres poèmes,* « Le voyage » VIII, CXXVI. – La mort, VIII, p. 155.

Tout resplendit pour moi nouveau et renouvelé,
Midi dort sur l'espace et le temps – :
seul *ton* œil – formidable
me regarde, infinité ! [111].

De plus, il prend une position opposée à Baudelaire en faisant dire ceci à Zarathoustra : « Voici la barque, – elle conduit peut-être, là-bas, dans le grand néant. – Mais qui veut s'embarquer dans ce peut-être ? Personne parmi vous ne veut s'embarquer dans la barque de la mort ! [112].

Cependant, Nietzsche ne parle-t-il pas aussi de la « mer de la mélancolie » (*Meer der Schwermut*) ? Au début du chapitre « Parmi les filles du désert » d'*Ainsi parlait Zarathoustra* on lit en effet que « le bon vieux pape, les larmes aux yeux, s'est de nouveau embarqué sur la mer de la mélancolie »[113]. Mais il ne faut pas y voir un lieu recommandé par Nietzsche. Cette mer convient seulement au vieux pape à la retraite, « hors service »[114], ainsi qu'à ceux qui lui ressemblent. Les disciples de Zarathoustra, en revanche, devraient suivre Colomb sur sa route « vers l'azur »[115].

*

[111]« Vers des mers nouvelles », *Chants du Prince libre comme l'oiseau*, KSA III, 649 ; traduit par Patrick Wotling, *op.cit.* p. 422-423.

[112]*Ainsi parlait Zarathoustra,* Troisième partie, « Des tables anciennes et nouvelles » § 17, KSA IV, 259 ; Goldschmidt, p. 294.

[113]*Ainsi parlait Zarathoustra,* Quatrième partie, « Parmi les filles du désert » § 1, KSA IV, 379.

[114]Un chapitre de la quatrième partie d'*Ainsi parlait Zarathoustra* s'intitule ainsi.

[115]Cf. Chapitre V. La Méditerranée, *3. Figures-clés : Christophe Colomb et le Prince libre comme l'oiseau,* p. 128-130.

Nous avons vu que la France est pour Nietzsche un espace multiforme, qui abrite à la fois le goût exquis et le déclin. Il éprouve une vraie nostalgie du XVIIe siècle, apprécie le XVIIIe et se montre très réservé à l'égard du XIXe. Dans une lettre à Resa von Schirnhofer il se demande donc : « Est-ce que j'aime les Français ? » Il répond qu'il aime quelques auteurs « du passé, surtout Montaigne »[116]. La raison en est qu'il partage avec lui une pensée en mouvement, capable de transmettre le vécu et se caractérisant par une argumentation à perspectives multiples. Montaigne l'exprime en ces termes : « Le monde n'est qu'une balançoire perpétuelle. Toutes choses y sont sans cesse en mouvement. [...] Je ne peins pas l'être, je peins le passage »[117].

Dans sa lettre à Resa von Schirnhuber, Nietzsche écrit de plus qu'au XIXe siècle il aime avant tout Henri « Beyle[118] et tout ce qui a poussé sur son sol ». Il s'agit des auteurs qui poursuivent la tradition des moralistes français[119] et s'avèrent « ironique[s], dur[s] et sublimement méchant[s] à la manière de Mérimée »[120]. Trois ans plus tard, Nietzsche note avec satisfaction qu'à Paris une « *passion* nouvelle pour les choses de l'esprit ait élu domicile ». Ainsi « la question du pessimisme, par exemple la question de Wagner », se trouve à l'ordre du jour, et « presque tous les problèmes psychologiques et artistiques », sont débattus avec « plus de subtilité et de profondeur qu'en Allemagne ». Nietzsche pense même

---

[116]Lettre à Resa von Schirnhofer du 11 mars 1885, KSA XV, 146.

[117]Michel de Montaigne, *Essais,* « Du repentir », *Les Essais en français moderne,* adaptation par André Lanly, Paris, Quatro, Gallimard, 2009, p. 974. Cf. Markus Eckl, *Nietzsche und Montaigne,* Hamburg, Verlag Dr. Kovac, 2017.

[118]Henri Beyle est le nom d'état civil de Stendhal.

[119]Lettre à Resa von Schirnhofer du 11 mars 1885, KSA XV, 146.

[120]L'auteur de la nouvelle qui servit de base au libretto de *Carmen.*

que les Allemands seraient « *incapables* de cette qualité de sérieux »[121].

Très content que l'on parle à Paris de « *l'adorable Heine* »[122], Nietzsche interprète son accueil chaleureux comme preuve supplémentaire du fait suivant : mieux que les Allemands, les Français savent reconnaître un bon auteur. « Les poètes français les plus profonds et les plus sensibles ont adopté Heine »[123], tandis que les « bovins allemands » (*deutsches Hornvieh*) ignorent sa « *délicatesse* »[124]. Nietzsche espérait du reste être aussi bien traité en France que Heine, et pour l'essentiel son vœu fut exaucé. L'histoire de sa réception montre qu'il a suscité quelques réactions négatives, mais le plus souvent elles étaient positives. Les célèbres écrivains et philosophes du XXe siècle l'ont bien accueilli, à l'instar d'André Gide, Georges Bataille, André Malraux, Albert Camus, Michel Foucault, Gilles Deleuze ou Jacques Derrida. De plus, un grand nombre de travaux de recherche furent consacrés à l'interprétation de ses œuvres. Etant donné que la plupart des questions et thématiques de Nietzsche reviennent périodiquement à l'ordre du jour, ou ont gardé leur intérêt depuis plus d'un siècle, on peut même dire que la réception française de

---

[121] *Crépuscule des idoles,* « Ce qui manque aux Allemands » § 4, KSA VI, 106 ; Hémery, p. 77-78.

[122] En français dans le texte.

[123] *Par-delà le bien et le mal,* Huitième partie, « Peuples et patries » § 254, KSA V, 198.

[124] En français dans le texte. *Nietzsche contre Wagner*, KSA VI, 427. A en croire Nietzsche, « un jour on dira que Heine et moi-même étions les meilleurs stylistes de la langue allemande, à mille lieues de ce que font de simples Allemands ». *Ecce homo,* « Pourquoi je suis si avisé » § 4, KSA VI, 286.

Nietzsche illustre d'une certaine manière le concept de l'éternel retour[125].

[125]Cf. Angelika Schober, *Ewige Wiederkehr des Gleichen ? Hundertzehn Jahre französische Nietzscherezeption/ Eternel retour du même? Cent dix ans de réception française de Nietzsche,* Limoges, Pulim, 2000. Ouvrage réalisé à partir de ma thèse de doctorat d'Etat *Nietzsche et la France. Cent ans de réception française de Nietzsche,* soutenue le 2 juillet 1990 à l'Université de Paris X-Nanterre.

II. L'Allemagne

Heinrich Heine écrit dans ses *Pensées nocturnes* que le sommeil le fuit, dès qu'il pense à l'Allemagne. Chez Nietzsche, la donne n'est guère différente, et souvent il commente son pays natal de manière polémique. En le surnommant par exemple le « pays de vieilles filles aigries par la morale »[126], tandis que la France est pour lui l'espace de la compétition sexuelle, dans lequel « on ne cherchera jamais en vain la femme »[127].

L'Allemagne déçoit Nietzsche à plusieurs égards. Il critique différents aspects de sa culture et s'en prend à la politique de l'Empire fondé en 1871 pendant la guerre contre la France. Une image géographique sert à exprimer son malaise de façon ironique : à ses yeux, l'Allemagne est « le plat pays de l'Europe » (*Europas Flachland*)[128]. L'adjectif « plat » vise surtout la pensée allemande contemporaine, d'autant plus que l'opinion publique se désintéressait de Nietzsche. Avec amertume (et en exagérant sa notoriété ailleurs), il constate : « Je suis connu partout en Europe, à Saint Petersburg, à Stockholm, à Copenhague, à Paris et à New York : je ne le suis pas en Allemagne, le pays plat de l'Europe »[129]. En effet, son premier livre, *La Naissance de la tragédie à partir de l'esprit de la musique* (1872), avait provoqué de très mauvaises critiques. Le regard nouveau posé sur la Grèce et la valorisation de Dionysos furent rejetés par les philologues établis, Ulrich von Wilamowitz-Moellendorff

---

[126] *Le cas Wagner* § 3, KSA VI, 18 : *im moralinsauren altjunfern-haften Deutschland.*

[127] *Ibid.*

[128] *Crépuscule des idoles,* « Ce qui manque aux Allemands » § 3, KSA VI, 105.

[129] *Ecce homo,* « Pourquoi j'écris de si bons livres », KSA VI, 301, et préface à *Nietzsche contre Wagner,* KSA VI, 415.

en tête. Quatorze ans plus tard, *Par-delà le bien et le mal. Prélude d'une philosophie de l'avenir* (1886) ne connut qu'une seule recension positive dans l'*Augsburger Allgemeine Zeitung*[130], dont l'auteur, Karl Hillebrand, est pour Nietzsche « le dernier Allemand qui mérite le nom d'humaniste »[131]. Les autres réactions à ce livre furent toutes négatives. Nietzsche regrette ainsi que dans la *Rundschau,* « une petite lumière de l'Université de Berlin » ait décrit son ouvrage comme un texte « psychiatrique ». Il n'apprécie pas non plus qu'un journal hambourgeois voie en lui « le vieux hégélien », tandis qu'il ne cesse de critiquer la philosophie de l'histoire de Hegel[132].

Le premier reproche fait par Nietzsche aux Allemands est leur intérêt déficitaire pour le style et la forme. Il remonterait à Martin Luther, car le Réformateur est pour lui « le rustre le moins modeste que l'Allemagne ait jamais connu »[133]. Le second reproche est également de taille. Les Allemands n'auraient pas le courage de regarder la réalité d'en face (*Feigheit vor der Realität*)[134]. Leur penchant pour l'idéalisme les empêcherait de voir clair sur la nature humaine, de sorte qu'ils ne surent développer de littérature moraliste à l'image de la France. *Last, but not least,* Nietzsche critique le chauvinisme de l'Empire allemand.

---

[130]Ce quotidien allemand publiait les articles de Heine sur Paris qui paraissent en 1854 sous le titre *Lutezia (Lutèce. Lettes sur la vie politique, artistique et sociale de la France).*

[131]*Ecce homo*, « Les intempestifs » § 2, KSA VI, 318.

[132]*Fragments posthumes,* septembre 1888, KSA XIII, 541 ; voir Chapitre V. La Méditerranée, *3. Figures-clés : César Borgia et Napoléon,* p. 132-133.

[133]*Généalogie de la morale*, « Troisième dissertation : que signifient des idéaux ascétiques ? » § 22, KSA V, 394.

[134]*Le cas Wagner* § 2, KSA V, 359.

Mais il faut encore tenir compte d'autre chose : les charges à l'encontre de l'Allemagne, ainsi que le souhait de « revenir sur terre en tant que Français », n'empêchent pas Nietzsche de rester tributaire de la culture allemande, surtout du classicisme de Weimar avec l'héritage de Goethe et de Schiller.

1. Goethe contre Luther

A en croire Thomas Mann, les Allemands auraient toujours préféré Luther à Goethe, privilégiant ainsi le provincialisme au cosmopolitisme[135]. Mais Nietzsche fit le choix inverse. Il donne la préférence à Goethe[136], même si ses commentaires sur Luther contiennent quelques remarques approbatives et Goethe peut se trouver critiqué. En ce qui concerne la sympathie pour Goethe, elle s'exprime de différentes manières et se confirme dans certains lieux que Nietzsche fréquentait. C'est le cas de Tautenburg en Thuringe, où il passait l'été 1882. Retiré « au milieu des belles forêts », « à une demi-heure du château de Dornburg où le vieux Goethe jouissait de sa solitude »[137], Nietzsche se sentait heureux, d'autant plus que Lou Andréas Salomé lui tenait compagnie.

En revanche, il n'a jamais songé à se ressourcer à la Wartburg, où Luther fut incarcéré et traduisit la Bible. Ce qui ne veut pas dire que Nietzsche n'aurait pas apprécié cette traduction, au contraire ! « Comparée à la Bible de

[135]Thomas Mann, *L'Allemagne et les Allemands,* discours tenu le 29 mai 1945 à Washington dans la Librairie du Congrès.

[136]Goethe et Wagner sont de loin les Allemands les plus cités par Nietzsche (avec 700 mentions chacun), suivis de Schiller (plus de 200 mentions) et Luther (102). Kant, Hegel, Schopenhauer, Beethoven et Heine ont également une fréquence élevée. Cf. Index, KSA XV.

[137]Il y séjournait du 25 juin au 27 août 1882. « Chronik zu Nietzsches Leben vom 19. April 1869 bis 9. Januar 1889 », KSA XV, 123.

Luther », écrit-il, « presque tous les autres textes sont seulement de la 'littérature' », il pense même que « jusqu' à présent, la Bible est le meilleur livre allemand »[138]. Dans un premier temps, Nietzsche appréciait Luther également pour d'autres raisons. En 1872, dans *La Naissance de la tragédie,* il le rapproche d'une nouvelle culture tragique (au même titre que Beethoven et Wagner), sa chorale est perçue comme le « premier cri d'un oiseau au printemps »[139]. Mais au fur et à mesure que Nietzsche prit ses distances vis-à-vis de Wagner et de l'Empire allemand, l'estime pour Luther décrut également. Il en va de même pour le luthéranisme, et le fait d'être fils de pasteur luthérien n'y est pas pour rien : « Peut-on imaginer une forme de croyance chrétienne plus abrutie et abrutissant davantage l'esprit [...] que celle d'un protestant allemand moyen »[140], note Nietzsche au printemps 1888. Dans le même esprit, la *Généalogie de la morale* attaque l'insensibilité de Luther au « pathos de la distance » caractérisant le catholicisme : « la bonne étiquette de l'Eglise n'était 'pas assez *allemande'* pour lui », « il voulait parler directement à son Dieu, parler 'sans gêne'… Eh bien, il l'a fait »[141].

Ainsi Nietzsche n'aurait guère apprécié d'être rapproché de Luther. Ce que fait pourtant Karl Löwith, en affirmant que « Nietzsche est comme Luther un événement allemand radical et fatal »[142]. Par ce constat il

---

[138]*Par-delà le bien et le mal,* Huitième partie, « Peuples et patries » § 247, KSA V, 191.

[139]*La Naissance de la tragédie*, § 23, KSA I, 149.

[140]*Fragments posthumes*, printemps 1888, 14 [45], KSA XIII, 240.

[141]*Généalogie de la morale*, Troisième dissertation : « Que signifient des idéaux ascétiques ? » § 22, KSA V, 394. Cf. Angelika Schober, « Nietzsche, fasciné par le catholicisme ? » in Stamatios Tzitzis (dir.), *Nietzsche et les hiérarchies,* Paris, L'Harmattan, 2008, p. 139-157.

[142]Karl Löwith, *Mein Leben in Deutschland vor und nach 1933. Ein Bericht,* Fischer, Francfort sur le Main, 1989, p. 6.

vise en effet la tendance nietzschéenne « à pousser toute chose jusqu'à l'effondrement final »[143], et dans ce sens précis, il voit même un lien avec le nazisme. Tout en reconnaissant que la critique de l'antisémitisme et du nationalisme s'y opposent, il remarque : « Un abîme sépare Nietzsche de ceux qui l'ont annoncé sans scrupule », mais « il leur a néanmoins préparé le chemin qu'il n'a pas emprunté lui-même »[144].

Certes, il existe par moment un côté intransigeant chez Nietzsche. Il se manifeste par exemple lorsque Zarathoustra constate que « tout ce qui est d'aujourd'hui – tombe et succombe » et ajoute ceci : « mais moi, – je *veux* encore le pousser ! »[145]. Cependant, une autre interprétation est également possible. Ainsi Aurel Schmidt y voit une attitude subversive qui rapproche Nietzsche du sociologue Jean Baudrillard : « Jusqu'où peut-on aller et que se passe-t-il ensuite ? » On trouve chez lui [Baudrillard] « le plaisir de pousser un peu ce qui est en train de tomber – d'une manière à rappeler Nietzsche », et cela contribue « à la construction catastrophique » de son discours[146].

La tonalité intransigeante de certains passages se relativise du reste par le fait suivant : Nietzsche a toujours défendu certaines valeurs classiques comme le juste milieu et la maîtrise de soi. Il déplore ainsi que ses contemporains confondent trop souvent « le juste milieu et la bonne mesure », ces « deux choses très nobles », avec « l'ennui » et « la médiocrité »[147]. A juste titre Manfred Riedel

---

[143]*Ibid.*

[144]*Ibid.*, p. 106.

[145]*Ainsi parlait Zarathoustra,* Troisième partie, « Des vieilles et nouvelles tables », KSA IV, 262, Goldschmidt, p. 298.

[146]Jürg Altwegg/ Aurel Schmidt, *Französische Denker der Gegenwart. Zwanzig Porträts,* Munich, C.H.Beck, 1987, p. 54-55.

[147]*Humain, trop humain,* II 230, « Mesure et juste milieu », KSA II, 484. Nietzsche apprécie la maîtrise de soi aussi dans la culture

rappelle donc la proximité de Nietzsche avec le classicisme allemand[148], et nous ajouterions qu'il est un vrai disciple de Goethe et de Schiller – même s'il l'est, par moment, de façon hérétique[149]. L'éloge de la dissonance dans *La Naissance de la tragédie* n'y change rien. Certes, à en croire Nietzsche, « le mythe tragique a précisément pour objet de nous convaincre que même le laid et le discordant sont seulement un jeu artistique, que la volonté joue avec elle-même dans la plénitude éternelle de son plaisir »[150]. Mais cela n'a pas empêché Nietzsche d'être à la recherche de l'unité et de l'homme complet.

Goethe est pour Nietzsche un « modèle à suivre » – grâce à sa « vitalité à l'âge de quatre-vingt-deux ans »[151] et à sa capacité de « devenir *entier* »[152] . Il contraste ainsi avec l'homme moderne caractérisé par l'aliénation. En effet, Nietzsche critique le spécialiste comme un être estropié qui n'a développé qu'un seul talent au détriment des autres. De façon ironique il l'appelle une « grande

---

française du XVIIe siècle : « Avec quelle différence Corneille et son public aimaient l'existence, non pas à partir d'une « volonté » aveugle et inculte [...] mais comme le lieu où la grandeur et l'humanité sont simultanément *possibles,* et où même la plus rigoureuse contrainte des formes, la soumission au bon plaisir princier ou ecclésiastique, ne peuvent étouffer ni la fierté, le sentiment chevaleresque, ni la grâce, ni l'esprit de tout individu [...] ». *Aurore,* Troisième livre § 191, KSA III, 164-165, traduit par Henri Albert revu par Angèle Kremer-Marietti, Paris, Le livre de poche, 1995, p. 173.

[148]Manfred Riedel, *Freilichtgedanken. Nietzsches dichterische Welterfahrung,* Stuttgart, Klett Cotta, 1998, p.65.

[149]Cf. Angelika Schober, « Nietzsche, disciple du classicisme weimarien ? », *Le texte et l'idée*, Centre de Recherches Germaniques de l'Université de Nancy II, 7/1992, p. 89-104.

[150]*La Naissance de la tragédie* § 24, KSA I, 152.

[151]*De l'utilité et de l'inconvénient de l'histoire pour la vie* § 8, KSA I, 310.

[152]*Crépuscule des idoles*, « Divagations d'un intempestif » § 49, KSA VI, 151.

oreille » : « Je n'en crus pas mes yeux et je regardai et regardai encore et dis enfin: 'C'est une oreille! Une oreille grande comme un homme' ». Regardant de plus près, il constate qu' « il y avait encore quelque chose qui bougeait et qui était pitoyablement petit et misérable et chétif. Et vraiment, l'immense oreille se trouvait sur une petite tige mince, mais la tige c'était un homme »[153]. Face à cette situation, Nietzsche fait dire à Zarathoustra qu'il a beaucoup de mal à regarder ce spectacle et de « trouver l'homme réduit en décombres, dispersé comme sur un champ de bataille ou dans un abattoir »[154]. Son « vœu le plus cher » peut ainsi se résumer en ces mots : « Voici toute ma poésie et mes aspirations. Assembler et réunir en un ensemble ce qui est fragment et énigme et cruel hasard »[155].

En effet, comme Goethe, Nietzsche souhaite que l'homme puisse développer l'ensemble de ses talents. Les lignes suivantes, écrites par Wilhelm Meister à son ami Werner, auraient donc pu être rédigées par lui : « Pour te le dire en un seul mot : me développer moi-même, tel que je suis de par ma nature, c'est là obscurément, dès ma jeunesse, mon désir et mon intention »[156]. Car Nietzsche aussi invite l'adolescent à trouver sa propre voie. Il l'encourage à chercher « son chemin *à lui* », l'invite à avoir le courage de suivre *son* parcours, même si « personne ne vient à son secours ». Afin d'y arriver, il faut savoir affronter seul, sans aide extérieure, ce qui

---

[153]*Ainsi parlait Zarathoustra*, Deuxième partie, « De la rédemption », KSA IV, 178.
[154]*Ainsi parlait Zarathoustra,* KSA IV, 178-179 ; Goldschmidt, p. 195.
[155]*Ainsi parlait Zarathoustra*, Troisième partie, « Des tables anciennes et nouvelles » § 3, KSA IV, 248.
[156]*Wilhelm Meisters Lehrjahre,* livre V, chap. III, Munich, Goldmann Verlag, 1973, vol. II, p. 12.

« arrive sous forme de danger, de hasard, de méchanceté et de mauvais temps »[157].

Ancien élève de l'internat renommé de Pforta, Nietzsche regrette du reste que les élèves n'aient pas assez de temps libre pour former leurs propres idées et développer leur personnalité. Il regrette que la transmission du savoir soit prioritaire, et pour s'en démarquer, il fait débuter la *Seconde Considération intempestive* par une citation goethéenne : « Par ailleurs, je déteste tout ce qui ne fait que m'instruire sans stimuler mon activité »[158]. Ce constat caractérise aussi en large mesure sa critique de la culture en général. Nietzsche attaque les bourgeois cultivés à cause de leur incapacité à devenir créatifs. Traînant « avec eux une masse indigeste de connaissances » qui bougent de temps en temps dans leur estomac[159], ils ressemblent en effet à des « encyclopédies ambulantes »[160]. A quel point cette critique est importante pour Nietzsche ressort du fait qu'elle revienne dix ans plus tard dans le chapitre « Du pays de la culture » d'*Ainsi parlait Zarathoustra* : « Vous

---

[157]*Aurore, préface* § 2, KSA III, 12. Selon Nietzsche les lycées allemands, placés sous le signe de l'utilité et de l'efficacité, effectuent « un dressage brutal » pour rendre en peu de temps « une multitude de jeunes utilisables ». *L'avenir de nos établissements d'éducation,* KSA, I, 677. Au sujet de ses conceptions pédagogiques, voir Babette Babich, "Become the One You Are : On Commandments and Praise – Among Friends", in Thomas E. Hart (dir.) *Nietzsche, Culture and Education*, Surrey GB, Ashgate Publishing Company, 2009. Voir aussi Eva Henckmann, *Grundlagen der Bildungsphilosophie im Frühwerk Nietzsches,* LIT Verlag, Berlin, Münster, Vienne, Zurich, Londres, 2014, ainsi que Christian Niemeyer, *Nietzsche, die Jugend und die Pädagogik. Eine Einführung,* Weinheim et Munich, Juventa, 2000.

[158]*De l'utilité et de l'inconvénient de l'histoire pour la vie,* préface, KSA I, 245.

[159]*Ibid.,* KSA I, 272.

[160]*Ibid.,* KSA I, 272-273.

êtes stériles », vous êtes « des portails à moitié ouverts où les croque-morts attendent »[161].

Une autre affinité entre Nietzsche et Goethe réside dans le rôle essentiel accordé à la femme dans l'éducation de l'homme. Dans *Les années d'apprentissage de Wilhelm Meister* ce sont surtout les personnages féminins qui motivent Wilhelm à élargir son horizon et à évoluer. Pour ne citer que ces exemples : Marianne et la mère de Wilhelm éveillent en lui la passion pour le théâtre, Marianne et Philine l'initient au plaisir de l'amour, et Nathalie lui fait découvrir la parfaite harmonie entre le corps et l'esprit. Quant à Nietzsche, il affirme ceci : afin de gagner en assurance, l'homme a besoin d'une femme intelligente. Etre « aimé par une femme intelligente » constate-t-il, est « le remède le plus sûr contre cette maladie masculine qui réside dans un manque d'estime de soi »[162].

Ainsi parlait Zarathoustra confirme l'enjeu du féminin par l'appel suivant : « Allez les femmes, découvrez l'enfant *dans* l'homme », cet enfant qui veut jouer[163]. A partir de cette perspective Nietzsche demande même « que la femme soit un jouet, pur et fin, pareil à la pierre précieuse, illuminée par les vertus d'un monde qui n'existe pas encore »[164]. Certes, le fait de considérer la femme comme un jouet est provocateur et inadmissible du point de vue d'un(e) féministe. Mais Nietzsche n'y voit rien de dégradant, d'autant moins qu'il attribue ainsi à la femme une mission pour préparer l'avenir. Elle est perçue

---

[161] *Ainsi parlait Zarathoustra,* Deuxième partie, « Du pays de la culture », KSA IV, p. 154.

[162] *Humain trop humain,* Premier volume § 384, KSA II, 266.

[163] *Ainsi parlait Zarathoustra,* Première partie, « De petites vieilles et de petites jeunes », KSA IV, 85.

[164] *Ibid.*

comme une sorte de « promesse de bonheur », pour reprendre la définition de l'art donnée par Stendhal. Nous verrons par la suite, que l'appel à découvrir en l'homme « l'enfant qui veut jouer » prend toute son ampleur devant l'arrière-plan des *Lettres sur l'éducation esthétique de l'homme* de Schiller – et notamment de ses réflexions sur le jeu.

Mais retenons d'abord encore ceci : d'après Nietzsche, la femme est non seulement une « pierre précieuse » et un « jouet dangereux »[165], elle est également désignée par des métaphores animalières. Elle est un « beau chat dangereux » qui cache « sa griffe de tigre sous le gant »[166]. En la décrivant comme un « oiseau rare » qui vient vers l'homme « du haut de quelques hauteurs »[167], Nietzsche l'apparente même à Zarathoustra, dont on sait qu'il descend « du haut des cimes » en faisant signe avec ses ailes, prêt à s'envoler.

Cependant, préférer Goethe à Luther n'exclut pas pour Nietzsche de prendre aussi ses distances vis-à-vis de Goethe. Ses écrits contiennent non seulement un certain nombre de traces de Goethe, on y trouve aussi plusieurs commentaires critiques. Ainsi Nietzsche est convaincu que « Goethe n'a pas compris les Grecs »[168]. Il lui reproche en particulier d'être insensible à « l'élément dont naît l'art dionysien », à savoir « l'orgiasme »[169]. Nietzsche n'apprécie pas non plus la haute estime portée par Goethe

---

[165] *Ainsi parlait Zarathoustra,* Première partie, « Des femmelettes jeunes et vieilles », KSA IV, 85.

[166] *Par-delà le bien et le mal,* Septième partie, « Nos vertus », KSA V, 178.

[167] *Ibid.,* KSA V, 174.

[168] *Crépuscule des idoles*, « Ce que je dois aux anciens » § 4, KSA VI, 158-160.

[169] Il s'agit de la célébration des mystères, sous forme d'orgies, en honneur de Dionysos.

à l'esprit, dont témoigne par exemple la phrase suivante de Suleika dans le *Divan occidental-oriental* : « La vie est l'amour et la vie de la vie est esprit »[170]. En effet, Nietzsche préfère se fier au corps lorsqu'il fait dire à Zarathoustra : « Ta petite raison [...] que tu appelles 'esprit' » est seulement « un petit outil et jouet de ta grande raison, un outil de ton corps »[171]. Dans cette optique il va jusqu'à parodier Goethe, en modifiant la fin de la seconde partie du *Faust.* Tandis que le *Chorus Mysticus* chante que « tout ce qui est périssable n'est que parabole », Nietzsche affirme que « tout ce qui est *impérissable* est une parabole et les poètes mentent trop »[172].

Il note même : « Quelle figure fera un jour Goethe ! Quelle incertitude, quel flou ! Et son *Faust* – quel problème contingent et daté, peu nécessaire et de courte durée ! » Selon Nietzsche, Faust exprime seulement « une dégénérescence du savant », il est « un malade, rien de plus ». Il ne représente « nullement la tragédie de l'homme de la connaissance en tant que telle », « même pas celle de l' « esprit libre »[173]. Une dizaine d'années plus tôt, dans la *Troisième considération intempestive,* Nietzsche avait déjà reproché à Faust d'être « trop contemplatif, pas assez homme d'action ». Loin d'être le génie démoniaque de la

---

[170] *West-östlicher Divan*, édité par Hans-J.Weitz, Francfort sur le Main, insel tb, 1974, p. 78.

[171] *Ainsi parlait Zarathoustra,* Première partie, « Des contempteurs du corps », KSA IV, 39.

[172] « *A Goethe :* L'impérissable/ N'est que symbole!/ Dieu, le captieux/ Est tromperie de poète » ; *Chant du prince libre comme l'oiseau,* traduit par Patrick Wotling, *Nietzsche. Le Gai Savoir/ Par-delà bien et mal,* présenté par Jean-François Mattéi, Paris, Flammarion, 2008, p. 411.

[173] *Fragments posthumes*, automne 1885-printemps 1887, I [637], *Œuvres philosophiques complètes. Fragments posthumes*, traduits de l'allemand par Julien Hervier, Paris, Gallimard, p. 26.

révolte, il serait simplement un « voyageur à travers le monde », un « spectateur insatiable » qui contemple « tous les domaines de la vie et de la nature », en s'intéressant à « toutes les époques passées et tous les arts, mythologies et sciences »[174].

Mais ces critiques n'empêchent pas Nietzsche de vouer une estime profonde à Goethe. L'une des principales raisons pour lesquelles il le préfère à Luther est précisément l'atout transculturel qui caractérise Goethe et que Nietzsche apprécie en France, comme nous l'avons vu plus haut, chez Chamfort et Stendhal. Ainsi Goethe est à ses yeux « non pas un événement allemand, mais européen »[175]. Il le considère comme « le dernier Allemand » pour lequel il éprouve du « respect », le prend même pour « le seul artiste allemand de l'écriture qui ne soit pas dépassé ». La raison en est qu'il « ne voulait être ni écrivain, ni Allemand de métier »[176].

---

[174] *Schopenhauer comme éducateur*, KSA I, 369. Une autre différence réside en ceci : les deux auteurs recommandent le dépassement de soi, mais le perçoivent autrement : chez Nietzsche il est un but en soi, Goethe y met un terme. En comparant *Les années d'apprentissage de Wilhelm Meister* aux *Années de voyage*, Ernst Cassirer constate que le premier volume montre comment Wilhelm repousse ses limites, tandis que le second volume lui permet de se concentrer sur l'essentiel et de s'orienter vers le milieu. « Goethes Idee der Bildung und Erziehung », in *Nachgelassene Manuskripte und Texte,* vol. 10, *Kleinere Schriften zu Goethe und zur Geistesgeschichte 1925-1944,* édité par Barbara Neumann, Hambourg, Felix Meiner, 2006, p. 11.

[175] *Crépuscule des idoles,* « Divagations d'un intempestif » § 49, KSA VI, 151.

[176] *Humain, trop humain*, KSA § 227, II, 483. En ce sens Goethe ressemble à Beethoven, que Nietzsche qualifie d'« événement européen » en musique, *Par-delà le bien et le mal,* Huitième partie, « Peuples et patries » § 245, KSA V, 188.

2. Schiller et l'enjeu du jeu

Cherchant à développer une philosophie par-delà le bien et le mal, Nietzsche n'apprécie pas l'importance accordée à la morale par Schiller. De façon ironique il le surnomme « le clairon de la morale de Säckingen »[177], il déplore aussi que les Allemands aient toujours préféré Schiller à Goethe en se méfiant du second, trop érotique à leurs yeux[178]. Le « noble Schiller » correspondait « mieux à leur cœur », d'autant plus qu'il sut les « assommer de paroles ronflantes »[179]. Ces remarques polémiques n'empêchent pourtant pas Nietzsche d'accepter plusieurs positions schillériennes. Il s'agitd'abord de l'interprétation du chœur dans la tragédie grecque : « Dans sa célèbre préface à *La Fiancée de Messine,* Schiller a émis une pensée infiniment [...] précieuse à propos de la signification du chœur ». Car il y est défini « comme un rempart vivant » qui entoure la tragédie. Ce qui permet au théâtre de « se séparer du monde réel et de sauvegarder sa liberté politique »[180].

D'autres affinités existent également. D'après Charles Andler, les *Brigands* de Schiller donnèrent « à Nietzsche adolescent une impression de surhumanité » et lui firent prononcer pour la première fois le mot « surhumain ». De plus, les deux auteurs posent un regard très critique sur le

---

[177]*Crépuscule des idoles,* « Divagations d'un intempestif : mes impossibles » § 1, KSA VI, 111 ; Hémery, p. 83.

[178]*Le cas Wagner,* § 3, KSA VI, 18 ; Herder « utilisa le mot 'Priap' » en parlant de Goethe. *Ibid.*

[179]*Le cas Wagner,* § 3, KSA VI, 18.

[180]Cf. *La Naissance de la tragédie à partir de l'esprit de la musique,* traduit de l'allemand par Jean Marnold et Jacques Morland, revue par Jacques le Rider, in *Friedrich Nietzsche. Œuvres,* Paris, Robert Laffont, Bouquins, 1993, p. 56-57.

monde moderne[181]. Dans sa *Neuvième lettre sur l'éducation esthétique* Schiller demande : « Comment l'artiste peut-il échapper à la corruption de son temps ? », et il répond qu'il doit « mépriser son verdict »[182]. Dans le même esprit Nietzsche écrit que « toute bonne biographie devrait être sous-titrée 'un combattant contre son temps' »[183]. De plus, Charles Andler remarque à juste titre une affinité au sujet de l'éducation esthétique, en disant que la « visée dernière » de Nietzsche peut être considérée « comme le prolongement de l'effort » schillérien[184]. Mais Andler passe néanmoins sous silence une différence de taille. Tandis que Schiller demande à l'art de conduire l'homme à la moralité, Nietzsche récuse tout lien entre l'art et la morale, l'éthique et l'esthétique. D'après lui, l'art doit remplir une autre fonction. Il est censé être « le grand stimulant » d'une vie intense. A cette fin, il devrait exprimer la « vraie consolation métaphysique » qui se résume en ces mots : « La vie est au fond indestructiblement puissante et pleine de plaisir »[185].

Ces différences n'excluent pas pour autant une similitude substantielle entre les deux auteurs. Elle se manifeste dans un domaine auquel ils vouent une attention particulière, à savoir celui du jeu. Par ce biais, Nietzsche et Schiller vont jusqu'à remettre en question toutes les

---

[181]Charles Andler, Charles, *Nietzsche. Sa vie et sa pensée,* tome I, *Les précurseurs de Nietzsche. – La jeunesse de Nietzsche,* Livre premier. – L'héritage allemand de Nietzsche, chapitre II. – Schiller (1920), troisième édition, Paris, nrf, Gallimard, 1958, p. 35.

[182]*Ibid.*

[183]*De l'utilité et de l'inconvénient de l'histoire pour la vie* § 6, KSA I, 295.

[184]« Mon but est le but de Schiller, mais haussé infiniment ». *Nietzsche. Sa vie et sa pensée,* vol. I, p. 49-73.

[185]Le fait que chaque individu doive périr n'y change rien. Voir aussi Chapitre V. La Méditerranée, *3. Figures-clés : Dionysos*, p. 138-141.

définitions de l'homme en Europe depuis l'Antiquité : au lieu de le considérer comme *animale rationale,* à l'instar d'Aristote, ou en tant que *homo faber* ils le perçoivent comme *homo ludens*.

Dans sa « Quatorzième lettre sur l'éducation esthétique », Schiller indique les implications de ce qu'il appelle « l'instinct du jeu » (*Spieltrieb*), et sa quinzième lettre présente le jeu comme la plus noble des activités humaines, car il permettrait d'être *vraiment* humain. Schiller est convaincu que « l'homme ne joue que là où dans la pleine acception de ce mot il est homme, et il n'est entièrement homme que là où il joue »[186]. Ce qui mène au constat suivant : « Comment [peut-on] parler de 'simple jeu', quand nous savons que c'est précisément le jeu et le jeu seul qui, entre tous les états dont l'homme est capable, le rend complet et le fait déployer ses deux natures à la fois ? »[187]. En effet, ce sont la beauté et l'art auxquels est attribuée la tâche de motiver l'être humain à réaliser au mieux sa disposition de jouer – et Schiller en tire une conclusion inédite et surprenante à la fois : « L'agréable, le bien, la perfection, l'homme les prend seulement au sérieux », tandis qu' « avec la beauté il joue »[188].

Sans se référer aux *Lettres esthétiques,* et sans admettre deux natures humaines[189], Nietzsche accorde également un

---

[186]*Briefe über die ästhetische Erziehung des Menschen/ Lettres sur l'éducation esthétique de l'homme,* traduit de l'allemand par Robert Leroux, mise à jour par Michèle Halimi, Edition bilingue des classiques étrangers, Paris, Aubier, 1992, p. 221.

[187]A la suite de Kant, Schiller distingue la nature sensible de l'homme de sa nature suprasensible ou intelligente, ce que Nietzsche ne fait pas.

[188]*Lettre sur l'éducation esthétique,* p. 219. Cf. Angelika Schober, « Schillers Briefe über die ästhetische Erziehung des Menschen als Antwort auf die Französische Revolution und ihre Folgen », *Kairoer Germanistische Studien. Jahrbuch für Sprach-, Literatur- und Übersetzungswissenschaft* n° 20, 2012.

[189]Récusant ce dualisme, Zarathoustra dit : « Je suis corps entièrement et rien de plus, et 'âme' n'est qu'un mot pour désigner quelque

rôle essentiel au jeu. C'est le cas, comme nous l'avons vu plus haut, de l'appel aux femmes de découvrir en l'homme l'enfant caché qui veut jouer. Mais Nietzsche va encore plus loin. Dans *Ecce homo* il écrit : « Je ne connais aucune autre manière de traiter les grandes affaires que par le jeu »[190]. Ce qui rappelle évidemment Schiller, d'autant plus que le début d'*Ainsi parlait Zarathoustra* confirme l'impact du jeu. En effet, Nietzsche y présente l'enfant qui joue comme l'ultime degré des « métamorphoses de l'esprit »[191]. Ce titre lui revient non seulement parce qu'il est « innocence », « oubli » et « recommencement », mais aussi à cause de sa capacité d'être « un jeu » et « une roue roulant d'elle-même ». Nietzsche appelle l'enfant de plus « un premier mouvement, un 'oui' sacré », et il souligne que toutes ces qualités lui permettent d'exprimer une attitude affirmative vis-à-vis de la vie. Celle précisément que devrait caractériser l'homme créateur. Zarathoustra dit ainsi : « Pour le jeu de la création, mes frères, il est besoin d'un 'oui' sacré »[192].

Au fond, Nietzsche est comme Schiller à la recherche d'un état esthétique afin de surmonter les orientations rationalistes et utilitaristes du monde moderne. Pour y arriver, l'homme de l'avenir – appelé aussi Surhomme étant donné qu'il dépasse l'homme historique – devra s'inspirer de l'enfant : il faut réapprendre à jouer sans but précis. Le poème suivant qui parodie *Faust* le rappelle :

---

chose qui fait partie du corps ». *Ainsi parlait Zarathoustra*, Première partie, « Des contempteurs du corps », KSA IV, 39.

[190] *Ecce homo,* « Pourquoi je suis si avisé » § 10, KSA VI, 297.

[191] *Ainsi parlait Zarathoustra,* Première partie, « Des trois métamorphoses de l'esprit », KSA IV, 29-31 ; Goldschmidt, p. 29-32.

[192] *Ibid.*, p. 32.

A Goethe

L'impérissable
N'est que symbole !
Dieu, le captieux
Est tromperie de poète …

Roue du monde, roulant,
Effleure but après but:
Misère – l'appelle le rancunier,
Le bouffon l'appelle – jeu…

Jeu du monde, l'impérieux,
Mêla être et apparence : -
L'éternelle bouffonnerie
Nous mêle en son sein ![193]

Pour illustrer « l'état esthétique » cher à Schiller et à Nietzsche, nous pouvons citer aussi le poème « Sils Maria ». Il réaffirme que d'après Nietzsche, l'homme devrait aspirer à devenir « uniquement jeu ».

J'étais assis ici à attendre - sans rien attendre,
par-delà le bien et le mal, jouissant tantôt de la lumière,
tantôt de l'ombre, tout jeu seulement ;
Tout lac, tout midi, tout temps sans but[194].

Grâce aux affinités entre Nietzsche et Goethe d'une part et Nietzsche et Schiller d'autre part, nous voyons que Nietzsche n'a pas pris définitivement congé de la culture allemande. Si l'on peut parler d'un « Nietzsche français »,

---

[193] *Chants du Prince libre comme l'oiseau,* appendice à *Le Gai Savoir*, KSA III, 649 ; traduction de Patrick Wotling, *op. cit.,* p. 411.
[194] *Chants du Prince libre comme l'oiseau,* KSA III, 649; Wotling, p. 423.

comme le fait Guiliano Campioni[195], il faut tenir compte aussi d'un Nietzsche allemand qui se nourrit du classicisme weimarien. Sa pensée se développe en effet au sein du champ franco-allemand, sans s'y enfermer pour autant.

Un indice supplémentaire certifie également l'ancrage de Nietzsche dans la pensée allemande. Bien qu'il aime la forme aphoristique, et malgré sa haute estime pour les moralistes français, il était en même temps à la recherche d'une autre forme pour exprimer sa pensée. Il ne voulait pas se limiter à la production d'aphorismes, mais souhaitait réaliser également un livre magistral, bien structuré, qui aurait dû formuler la synthèse de sa philosophie sous le titre *La volonté de puissance. Renversement de toutes les valeurs.* En d'autres termes : Nietzsche désirait non seulement briller dans la « musique de chambre » à la française, il aspirait à créer de plus une sorte de « symphonie », sans utiliser pour autant ce mot. Et par là, il était – peut-être sans s'en rendre compte – dans le sillage de la philosophie allemande, malgré ses nombreuses critiques à son égard[196]. De manière plus ou moins consciente, Nietzsche flirtait avec la vieille tradition allemande des grands systèmes, il souhaitait en effet élaborer son propre système à lui, à partir d'un principe nouveau. A la raison (Kant), et à l'esprit (Hegel), il

---

[195]Ma thèse de doctorat d'Etat (*Nietzsche et la France. Cent ans de réception française de Nietzsche* soutenue à l'Université Paris X-Nanterre en 1990) et mon livre *Ewige Wiederkehr des Gleichen ? Hundertzehn Jahre französische Nietzscherezeption* (Presses universitaires de Limoges, 2000) mettent également en valeur le côté français de Nietzsche.

[196]Par exemple dans la première partie de *Par-delà le bien et le mal,* « Des préjugés des philosophes ».

comptait substituer « la volonté de puissance »[197]. Ainsi il espérait combiner la « musique de chambre » et la « symphonie », sans arriver en fin de compte à réaliser cette quadrature du cercle[198]. Ce qui a contribué sans doute à son effondrement physique et psychique en janvier 1889.

3. Les Allemands et l'Empire

En commentant les Allemands et l'Empire fondé par Bismarck en 1871 Nietzsche prend la plus grande distance vis-à-vis de son pays natal. Les couleurs utilisées sont sombres, l'image de ses compatriotes est terne, surtout en comparaison avec la France. Mais nous constatons également ceci : si Nietzsche utilise le qualificatif « allemand » le plus souvent de manière négative, il lui accorde aussi, par moment, une connotation positive. Ainsi lit-on au sujet de George Sand qu'elle a, comme son maître Rousseau, « un côté allemand au mauvais sens du terme »[199]. Mais quand il affirme que Stendhal a « trop d'un Allemand et d'un Anglais pour être supportable aux Parisiens »[200], les qualificatifs « allemand » et « anglais » renvoient à quelque chose de positif.

---

[197]A juste titre Giorgio Colli écrit dans sa postface au volume V de la KSA (*Par-delà le bien et le mal/ Généalogie de la morale*) que « la réduction de tout ce qui est réel » au principe de la « volonté de puissance » [...] constitue une « attitude métaphysique, même si Nietzsche s'en défend ». KSA V, 145.

[198]Dans le chapitre « La philosophie de Nietzsche : un système en aphorismes » Karl Löwith parle d'un « système caché » (p. 123) et affirme qu'il s'agit d'un « système tout en dépassant la pensée systématique » (p. 119). *Nietzsches Philosophie der ewigen Wiederkehr des Gleichen»*, *Nietzsche. Sämtliche Schriften* vol. 6, Stuttgart, Metzler 1987.

[199]*Crépuscule des idoles,* « Divagations d'un inactuel » § 6 ; Hémery, p. 88-89.

[200]*Le Gai Savoir*, Deuxième livre § 95, KSA III, 449.

Que reproche Nietzsche aux Allemands ? Dans sa *Première considération intempestive* (1873), il déplore qu'en Allemagne « l'opinion publique semble presque interdire de parler des conséquences graves et dangereuses de la guerre » 1870-71, d'autant plus « qu'il s'agit d'une guerre victorieuse ». Il dit même qu' « une grande victoire est un grand danger». Car ses compatriotes interprètent à tort la victoire militaire sur la France comme conséquence d'une supériorité culturelle de l'Allemagne. Ce qui évoque aux yeux de Nietzsche « la défaite [et] l'extirpation de l'esprit allemand au profit de l'Empire allemand »[201]. Pour cette raison, il écrit dans *Ecce homo* : « Penser allemand, ressentir allemand, je sais tout faire mais cela dépasse mes forces »[202].

La *Seconde considération intempestive* (1874) épingle le vieux défaut hérité de Luther, à savoir le peu d'intérêt pour la forme et le style. Parlant « franchement de nous les Allemands du présent », Nietzsche regrette que nous « souffrions » plus que d'autres peuples d'une faible personnalité et d'une inadéquation entre la forme et le contenu ». A la différence des Français, les Allemands considéraient la forme « comme une simple convention, voire une dissimulation ». Nietzsche déplait en particulier leur désir de transformer ce défaut en atout, car ainsi ses compatriotes prétendent ainsi être le « peuple de l'intériorité »[203]. Douze années plus tard, dans *Par-delà la bien et le mal,* cette critique est toujours à l'ordre du jour, et Nietzsche la formule de manière encore plus polémique : « L'Allemand aime la franchise et la bonhomie » écrit-il, parce qu'« il est si *commode* d'être franc et bon enfant ». Il s'en suit que lorsqu'il « fixe sur

---

[201] *David Strauss, le confesseur et l'écrivain,* KSA I, 159-160.
[202] *Ecce homo,* « Pourquoi j'écris de si bons livres » § 2, KSA VI, 301.
[203] *De l'utilité et de l'inconvénient de l'histoire pour la vie,* KSA I, 275-276.

vous ses honnêtes yeux bleus d'Allemand » on peut « facilement le confondre avec sa robe de chambre ». Nietzsche pense même que « cette honnêteté allemande, familière, prévenante, qui joue toujours cartes sur table », est un « talent vraiment méphistophélique, qui peut mener loin »[204].

Le *Crépuscule des idoles* traite également de « ce qui manque aux Allemands ». Mais cette fois-ci, Nietzsche ajoute quelques observations plus conciliantes qui rendent l'image un peu moins sombre. Il atteste à « l'Allemagne nouvelle » de posséder « un grand nombre de *qualités* héritées et acquises », même si la finesse et le souci pour la forme n'y figurent pas. Ces qualités seraient des « vertus plus viriles », à savoir « la bonne volonté [et] le respect de soi-même », ainsi que la « réciprocité des devoirs ». S'y ajoutent l'endurance, l'application au travail et la disposition à obéir « sans ressentir l'obéissance comme une humiliation »[205]. Cependant, malgré l'évocation de ce bouquet de qualités, la liste des aspects négatifs est beaucoup plus longue[206], d'autant plus que Nietzsche ajoute aux défauts anciens des attitudes nouvelles issues d'une constellation politique modifiée, mais aussi problématiques.

---

[204]*Par-delà le bien et le mal* § 244 ; Bianquis, p. 315. Norbert Elias cite ce passage pour illustrer les différences entre le concept de « civilisation », cher aux Français et Anglais, et la notion de culture (*Kultur)* spécifique aux Allemands. *Über den Prozess der Zivilisation. Soziogenetische und psychogenetische Untersuchungen. Erster Band: Wandlungen des Verhaltens in den weltlichen Oberschichten des Abendlandes*, Francfort sur le Main, Suhrkamp Verlag, 1976, p. 41.

[205]*Crépuscule des idoles,* « Ce qui manque aux Allemands » § 1, KSA VI, 103-104 ; Hémery, p.74.

[206]Les quelques remarques positives se trouvent seulement au début du premier paragraphe.

L'accroissement du pouvoir politique depuis 1871 a entraîné des conséquences néfastes, surtout dans la pensée et la culture. Rappelant que « le pouvoir *abêtit* », Nietzsche se demande si « ces Allemands appelés jadis 'le peuple des penseurs', sont encore capables de penser ». En effet, le chauvinisme du nouvel Empire semble avoir sonné « le glas de la philosophie allemande… ». Nul n'ignore que « la construction du *Reich* ait déplacé le *centre de gravité* de la culture européenne », et Nietzsche souligne qu' « au moment même où l'Allemagne monte comme une grande puissance [politique], la France gagne en importance en tant que *puissance culturelle* ». Il s'en suit que « pour l'essentiel, à savoir la culture, les Allemands ne jouent plus aucun rôle » en Europe. Ce triste constat ressort aussi des questions que l'on pose à Nietzsche en France et en Italie. Ses interlocuteurs aimeraient savoir s'il existe encore, en Allemagne, « un seul esprit qui *compte* en Europe, comme votre Goethe, votre Hegel, votre Heinrich Heine, votre Schopenhauer ont compté à leur époque »[207]. Quand on lui demande, s'il « y a des philosophes allemands ?, de poètes allemands ? de *bons* livres allemands ? », Nietzsche n'a qu'une seule réponse : « Je rougis »[208].

*

En comparant la description des strates de la France à celles de l'Allemagne, une différence de fond apparaît. En France, Nietzsche apprécie la culture des XVIIe et XVIIIe siècles, et il suit avec beaucoup d'intérêt l'activité des auteurs parisiens de son temps. En Allemagne, par contre,

[207] *Crépuscule des idoles*, « Ce qui manque aux Allemands » §4, KSA VI, 106-107; Hémery, p. 78.
[208] *Crépuscule des idoles,* « Ce qui manque aux Allemands » §1, KSA VI, 104 ; Hémery, p. 74.

aucune époque du passé ne l'intéresse vraiment, en dépit de ses affinités avec Goethe et Schiller. Après la mort de Beethoven, Heine, Schopenhauer et Wagner, et suite à la fondation de l'Empire en 1871, l'Allemagne n'est pour lui que « le plat pays de l'Europe », ou rien d'intéressant ne se passe. Nietzsche constate même que « les Allemands, les *retardataires par excellence* de l'Histoire sont aujourd'hui le peuple de culture le plus retardé d'Europe »[209].

[209] *Le cas Wagner*, Epilogue, KSA VI, 41.

III. L'Europe

Nietzsche perçoit l'Europe à partir de multiples perspectives, il commente des données culturelles, politiques et géographiques, sans négliger l'histoire et les évolutions contemporaines. Dans un premier temps, nous retracerons de manière générale l'espace européen, tel qu'il apparaît dans les différents écrits de Nietzsche. A l'exemple de la critique du parlementarisme et de la presse nous discuterons ensuite la méfiance envers les données politiques et sociétales du XIXe siècle. Un troisième volet sera consacré au rejet du nationalisme et de l'antisémitisme, ainsi qu'aux espoirs nourris par Nietzsche au sujet de l'unification de l'Europe et de l'avènement du « bon Européen ».

En ce qui concerne sa propre époque, on peut se demander si Nietzsche est aussi pessimiste que Flaubert, qui ne voyait autour de lui que « misères, saleté, bêtise » et aimait répéter : « Dans quel siècle, mon Dieu !, m'avez-vous fait naître ! »[210]. Flaubert note en effet que « nous sommes tous enfoncés dans une médiocrité commune ». Il regrette que « l'égalité sociale soit passée dans l'Esprit », de sorte que l'on « fasse des livres pour tout le monde, de l'art pour tout le monde, comme on construit des chemins de fer et des chauffons publics »[211]. Cependant, bien que Nietzsche dénonce souvent les mêmes données que Flaubert, il est moins pessimiste que lui. Lorsque les deux auteurs observent leur siècle pour établir un état des lieux, ils sont en effet assez proches. Mais Flaubert n'imagine guère la possibilité d'un redressement, tandis que Nietzsche veut y croire. Car il est

[210]Michel Winock, *Flaubert*, Paris, Gallimard, 2013, p. 148.
[211]*Correspondance,* cité par Winock, p. 148.

persuadé que le déclin de l'Europe contient aussi l'énergie d'un renouveau.

1. L'espace européen et son histoire

L'espace européen apparaît chez Nietzsche en grande partie à travers les paysages, régions et villes où il a séjourné ou voulait vivre, notamment la Haute Engadine, la Côte d'Azur, la Corse, la Riviera italienne, Bâle, Nice, Gêne, Turin, Rapallo, Portofino, Rome, Venise, Florence, Sorrente et Paris. Quant au différents pays d'Europe, ils sont présentés, de manière plus ou moins nuancée, à l'aide de leurs célèbres écrivains, philosophes, musiciens, peintres et autres personnalités.

L'aphorisme 338 du *Voyageur et son ombre,* « La nature, notre double », révèle une profonde affinité entre Nietzsche et un espace européen précis, la Haute Engadine : « Dans bien de sites naturels, nous nous redécouvrons nous-mêmes, avec un agréable frisson : c'est le plus beau cas du double qui soit ». En effet, il se reconnaît dans « cette atmosphère d'octobre constamment ensoleillée, ces jeux de la brise, espiègles, heureux du matin jusqu'au soir ». Nietzsche aime cette « clarté si pure et cette fraîcheur si tempérée », admire « la grâce sévère de ces collines, de ces lacs, de ces forêts, qui caractérise ce haut plateau allongé sans crainte au flanc épouvantable des neiges éternelles »[212].

Tout en admettant l'existence de sites « plus beaux de la nature », Nietzsche précise que « c'est *celui-ci* » qui lui

[212]*Humain trop humain. Un livre pour esprits libres, 2. Le voyageur et son ombre*, texte établi par Colli et Montinari, traduit de l'allemand par Robert Rovini, Paris, Gallimard 1968, p. 404-405.

est « intime et familier »[213]. Nous pouvons ajouter que sa prédilection pour ce paysage a une cause précise. Elle provient du fait qu'il relie des contrastes, en l'occurrence le chaud et le froid, voire deux pays européens. Nietzsche affirme en effet que « l'Italie et la Finlande ont conclu alliance dans la Haute Engadine ». Et nous dirions que c'est pour cette raison qu'il a eu la vision de l'Eternel retour à cet endroit : « Ce jour-là je parcourais la forêt le long du lac de Silvaplana ; non loin de Surlei, près d'un formidable bloc de rocher qui se dressait en pyramide, je fis halte. C'est là que cette idée m'est venue »[214].

En effet, le paysage de la Haute Engadine incarne pour Nietzsche au niveau naturel ce qui lui tient à cœur de manière générale et se reflète dans son regard sur les cultures, à savoir le rapprochement de ce qui est éloigné. Il s'agit de la même constellation qu'il admire aussi chez les Français, comme nous l'avons vu plus haut. Il apprécie en effet leur aptitude à former une synthèse entre le Nord et le Sud[215]. Quant à la Haute Engadine, ajoutons que Nietzsche la met aussi en rapport avec Nice. Lorsqu'il se demande ce qu'il « a *accompli* » dans sa vie, et en réfléchissant sur le rôle qu'ont joué des lieux dans ses réalisations, il note ceci : « A l'Engadine, je dois la *vie* [et] *Zarathoustra* », et à Nice « l'*achèvement* du Zarathoustra ». Pour Nietzsche ces « deux lieux » se complètent et « s'accommodent bien avec [sa] mission » : il avait besoin à la fois de « Nice comme endroit cosmopolitc » ct de « Sils [Maria] en tant que haute montagne »[216].

---

[213]*Ibid.*

[214]*Ecce homo,* « Ainsi parlait Zarathoustra. Un livre pour tout le monde et personne », KSA VI, 335.

[215]Cf. p. 20.

[216]*Fragments posthumes,* automne 1884- début 1885, 29[4], KSA XI, 337. Nous revenons sur Nice et d'autres sites méditerranéens dans le chapitre V. La Méditerranée, *2. Reflets de la mer*, p. 117-124.

Parmi les pays européens, la France et l'Allemagne sont de loin les plus commentés, et avec Jean Pierre Faye nous pouvons dire que l'Europe de Nietzsche a « quelque ressemblance avec celle de 1950, un noyau franco-allemand associé à l'Italie »[217]. Rappelons néanmoins que comparée aux commentaires abondants sur la France du XIXe siècle, l'Italie moderne retient une attention nettement moins soutenue. Ce qui n'empêche pas Nietzsche d'écrire qu'il « aime » les Italiens[218].

En ce qui concerne les autres pays européens, Nietzsche apprécie en Suisse la Haute Engadine plus que la ville de Bâle et son université, où il enseignait comme professeur de philologie classique entre 1864 et 1879[219]. Il a néanmoins l'impression qu'en Suisse « toutes les qualités allemandes se développent nettement mieux » qu'en Allemagne[220], et il regrette que dans son pays natal, on ne trouve pas de poète comparable à Gottfried Keller, ni de peintre comme Arnold Böcklin ou d'érudit aussi savant que Jacob Burckhardt[221].

Nietzsche a vécu en Allemagne, en Suisse, en Italie et en France, mais il ne s'est jamais rendu dans les autres pays européens. Il les connaît seulement par des lectures, ce qui n'empêche pas que ses remarques à leur sujet révèlent des données importantes. Elles permettent de plus de mieux comprendre sa pensée.

---

[217]Jean Pierre Faye, *Le vrai Nietzsche. Guerre à la guerre,* Paris, Hermann, 1998, p. 23.

[218]*Le cas Wagner,* préface, KSA VI, 15. *Der französische Nietzsche* de Guliano Campioni (*op. cit.*) contient de précieuses informations sur les rapports de Nietzsche à l'Italie.

[219]Cf. Martin Walter Pernet, *Nietzsche und das fromme Basel,* Basel, Schwabe, 2014.

[220]*Fragments posthumes*, printemps-automne 1881, KSA IX, 536.

[221]*Ibid.*

Une Espagne plus imaginaire que réelle surgit des commentaires sur l'opéra *Carmen,* qui est au fond plus français qu'espagnol étant donné que son compositeur, Bizet, et les auteurs du libretto, Meilhac et Halévy, étaient français[222]. Du reste, la « sérénité » de *Carmen* n'est pour Nietzsche « ni allemande ni française mais africaine »[223].

Parmi les grands représentants de la culture espagnole Nietzsche s'intéresse à Cervantès et à Thérèse d'Avila. Chez la grande mystique il admire surtout la volonté : « Que l'on imagine sainte Thérèse au milieu des instincts héroïques de ses frères – le christianisme apparaît là comme une forme d'extravagance de la volonté, de la force de volonté, comme une Don Quichottérie de l'héroïsme… »[224]. En ce qui concerne Cervantès, *Don Quichotte* est commenté dans *La Généalogie de la morale* et dans quelques fragments posthumes pour illustrer le comportement humain dans l'Europe du XVIe et XVIIe siècle : « Il n'y a pas si longtemps encore, on ne pouvait imaginer de noces princières ni de grandes fêtes populaires sans exécutions capitales, sans supplices ou quelque autodafé », et dans toutes les maisons nobles on trouvait « ces êtres sur lesquels on put décharger impunément sa méchanceté et ses cruelles moqueries ». Pour s'en rendre compte, il suffit de se rappeler Don Quichotte à la cour de la duchesse[225]. Mais les temps et

---

[222]La nouvelle de Mérimée constitue la base du libretto.

[223]*Le cas Wagner* § 2, KSA VI, 15. Cf. Chapitre V. La Méditerranée, *3. Figures-clés : Carmen et les filles du désert*, p. 134-139.

[224]*Fragments posthumes*, avril 1887-mars 1888, « Comment les seigneurs aussi peuvent devenir chrétien », 10[188] (282), KSA XII, 569 ; traduit de l'allemand par Pierre Klossowski, *Œuvres philosophiques complètes,* Paris, Gallimard, nfr, 1986, p. 200.

[225]*La Généalogie de la morale,* Deuxième dissertation : « Culpabilité, mauvaise conscience et choses apparentées » § 6, KSA V, 301 ; traduit de l'allemand par Angèle Kremer-Marietti, Paris, Union générale d'éditions, 10/18, p. 176.

les mentalités ont changé, l'Européen du XIXe siècle ne tolère plus la cruauté. Il ne se reconnaît pas dans cette « phrase dure, mais humaine, trop humaine » : « Voir la souffrance fait du bien, faire souffrir fait davantage de bien ». Par conséquent le roman de Cervantès est lu aujourd'hui « avec sur la langue un goût amer ». Mais à l'inverse, « nous paraîtrions bien étranges à son auteur et à ses contemporains », car ils n'hésitaient pas à en rire « avec la meilleure conscience » – et ils « en mouraient presque de rire »[226]. D'après Nietzsche, Cervantès était un très bon moraliste qui aurait pu « attaquer l'Inquisition », mais il « préférait railler ses victimes, c'est-à-dire les hérétiques et tous les idéalistes ». Au fond il méprisait les hommes, sachant bien que « même le bûcher ne les arrêtera pas de rire »[227].

Au sujet de l'Angleterre nous avons vu que Nietzsche est très critique envers ses idées politiques[228], mais cela ne l'empêche pas d'estimer Shakespeare et Byron. Il ressent « une profonde affinité » avec le *Manfred* de Byron, le considère plus profond que *Faust*. « J'ai trouvé en moi tous ces gouffres » écrit-il, « à treize ans j'étais déjà mûr pour cette œuvre ». Il ajoute : « Je n'adresse pas la parole, – mais seulement un regard de mépris – à ceux qui osent,

---

[226]*Ibid.*

[227]*Fragments posthumes,* fin 1876-été 1877, 23 [140], KSA, VIII, 454. Le thème de la cruauté revient dans *Par-delà le bien et le mal* : « Ce qui plut aux Romains à l'amphithéâtre, aux chrétiens dans l'extase de la croix, aux Espagnols dans les autodafés ou les courses de taureaux » est le même que « ce qui plaît de nos jours aux Japonais qui se pressent en foule dans la tragédie ». Ils « aspirent à boire avec une mystique ardeur » « les breuvages épicés de la grande Circé dont le nom est Cruauté ». Septième partie, « Nos vertus » § 229, KSA V, 167 ; Bianquis, p. 281.

[228]Cf. Chapitre I. La France, *2. La France décadente.* L'Angleterre est mentionnée cinquante-deux fois dans l'index général. KSA XV, 298.

en présence de Manfred, prononcer le nom de Faust [...] »[229].

Quant à Shakespeare, Nietzsche dit, certes, que « son goût d'artiste » le pousse à défendre « Molière, Corneille et Racine » contre « le génie sauvage d'un Shakespeare[230] », mais il l'apprécie néanmoins, et cela pour plusieurs raisons. En effet, Nietzsche ne connaît « aucune autre lecture aussi poignante que celle de Shakespeare », et il se demande « à quel point un homme doit avoir souffert » pour éprouver un si grand « besoin de faire le pitre »[231]. Il s'interroge de plus : « Comprenons-nous *Hamlet* ? » L'interprétation courante, selon laquelle le prince danois n'arrive pas à passer à l'action, parce qu'il doute trop, ne le satisfait pas. Il est convaincu que Shakespeare a bien compris que « ce n'est pas le doute qui rend fou, mais c'est la *certitude* qui rend fou ». La conclusion suivante s'impose donc : « On doit être profond, un vrai abîme et philosophe pour ressentir ainsi, car nous *craignons* tous la vérité »[232].

Dans la pensée de Nietzsche, l'Europe centrale et orientale « est au rendez-vous avec le poète hongrois Petöfi » dont il a mis « en musique un *lied* » ; on trouve aussi « Boscovich, le jésuite de Raguse (Dubrovnik) qu'il prit pour un Polonais »[233]. Les auteurs scandinaves l'intéressent « beaucoup moins que les Russes »[234], dont il apprécie les excellentes analyses

---

[229]*Ecce homo,* « Pourquoi je suis si avisé » § 3, KSA VI, 285 ; Hémery, *Œuvres philosophiques complètes, op. cit.,* VIII, 265.
[230]*Ecce homo,* « Pourquoi je suis si avisé » § 3, KSA VI, 285.
[231]*Ecce homo,* « Pourquoi je suis si avisé » § 4, KSA VI, 287 ; Hémery, *Œuvres philosophiques complètes, op. cit.,* VIII, 266.
[232]*Ecce homo,* « Pourquoi je suis si avisé » § 4, KSA VI, 287.
[233]Jean Pierre Faye, *Le vrai Nietzsche,* p. 23. Nietzsche pensait que parmi ses ancêtres figurent aussi des aristocrates polonais.
[234]Cf. Curt Paul Janz, *Friedrich Nietzsche. Biographie, op. cit.,* p. 531.

psychologiques. Nietzsche partage avec Tolstoï « la critique de la guerre », il admire Dostoïevski. Dans *Le Crépuscule des idoles* il note : « Dostoïevski est, soit dit en passant, le seul psychologue qui ait eu quelque chose à m'apprendre. – Je le compte au nombre des plus belles aubaines de ma vie, plus encore que ma découverte de Stendhal »[235].

Cependant, Nietzsche ne se contente pas d'apprécier les grands écrivains russes, il valorise la Russie dans son ensemble. Comparée à l'Europe Occidentale du XIXe siècle, elle est à ses yeux « l'*unique* puissance ayant actuellement la durée dans le sang, la seule qui puisse attendre et promettre quelque chose ». Ainsi la Russie forme « l'antithèse du piteux particularisme », elle s'oppose à « la nervosité européenne, qui, avec la fondation du *Reich* allemand, est entrée dans une phase critique… »[236].

A plusieurs endroits Nietzsche fait apparaître l'histoire de l'Europe et il commente ses différentes époques[237]. En ce qui concerne l'Antiquité, il souhaite y trouver des modèles pour dépasser la fragmentarisation du monde

---

[235] *Crépuscule des idoles,* « Divagations d'un Inactuel » § 45, KSA VI, 147 ; Hémery, p. 134.

[236] *Crépuscule des idoles,* « Divagations d'un Inactuel » § 39 « Critique de la modernité », KSA VI, 141 ; Hémery, p. 126.

[237] Dans la *Deuxième considération intempestive* intitulée *De l'utilité et de l'inconvénient pour la vie,* Nietzsche critique les différentes écoles de l'historiographie de son époque – l'historicisme autant que l'hégélianisme – en leur reprochant de s'intéresser à l'histoire pour elle-même, sans essayer de la rendre utile pour la vie. Sa démarche à lui s'en distingue : il préfère retenir les données historiques qui confirment sa propre argumentation. Cf. Angelika Schober, « L'art de l'histoire selon Nietzsche », *Etudes Germaniques*, avril-juin 2000, p. 221-233.

moderne[238]. Au sujet de la Grèce, il propose une nouvelle interprétation de Dionysos qui fit scandale parmi les hellénistes de son époque et qui souligne aussi des liens avec l'Orient : à l'origine, Dionysos était une divinité orientale, indienne précisément, qui fut accueillie tardivement dans le panthéon grec[239]. Si Nietzsche ne s'intéressa guère au Moyen Age, il apprécie néanmoins l'« unité réalisée par l'Eglise », à laquelle il reconnut « le double mérite de la *durée* et de « la *cohésion* ». Cette unité permit en outre à l'homme médiéval de donner « un sens à sa vie », grâce au « rôle social qui l'intègre dans un ensemble »[240].

Parmi les autres époques de l'histoire européenne, la préférence de Nietzsche va à la Renaissance italienne[241], et son approche rejoint celles de Jacob Burckhardt, Stendhal et Hippolyte Taine. Au centre de l'intérêt nietzschéen se trouve en effet l'individu d'exception qui impose sa volonté aux autres à l'instar de César Borgia[242]. Nous avons déjà vu l'estime pour la France des XVIIe et XVIIIe siècles, ainsi que la critique de la Révolution de 1789. Au sujet de cette dernière, il convient d'ajouter maintenant que Nietzsche apprécie chez les révolutionnaires une capacité précise : il admire leur aptitude à utiliser à leurs propres fins les symboles de l'Antiquité. Ainsi ils ressemblent d'une certaine manière à leurs ancêtres du

---

[238]Cf. Manfred Riedel, *Freilichtgedanken – Nietzsches dichterische Welterfahrung, op. cit.,* p.65.

[239]Cf. Chapitre V. La Méditerranée *3. Figures-clés : Dionysos et le Christ,* p. 147-149.

[240]*Le Gai Savoir* § 356 ; cf. Paul Valadier, *Nietzsche et la critique du christianisme,* Paris, Editions du cerf, 1974, p. 117-121.

[241]Il considère l'Européen de son époque comme inférieur à celui de la Renaissance. *L'Antéchrist* § 4, KSA VI, 171.

[242]Cf. Chapitre V. La Méditerranée, *3. Figures-clés : César Borgia et Napoléon,* p. 130-134. Voir aussi Christophe Bouriau, *Nietzsche et la Renaissance,* Paris, PUF, 2015.

Grand siècle : « Les Français de Corneille et ceux même de la Révolution s'emparèrent de l'Antiquité romaine d'une manière pour laquelle nous n'avons plus le courage », note Nietzsche dans *Le Gai Savoir*[243]. Quant au XIXe siècle, il lui reproche au fond d'avoir renoncé à l'héritage de l'Antiquité en abandonnant la volonté de grandeur. Un dicton chinois sert à illustrer ce propos : « Il y a un proverbe en Chine », lit-on dans *Par-delà le bien et le mal,* « que les mères enseignent à leurs enfants : siao-sin 'fais ton cœur *petit !*' ». Selon Nietzsche, ce conseil reflète une « tendance fondamentale des civilisations tardives », y compris la sienne. Il pense ainsi qu' « un Grec ancien remarquerait chez nous, les Européens d'aujourd'hui, d'abord une diminution de nous-mêmes ». Et il est convaincu que par cette attitude « nous offensons son goût »[244].

2. Le règne des foules et la presse

Parmi les évolutions du monde moderne Nietzsche se méfie en particulier du parlementarisme et de la presse. Comme Alexis de Tocqueville, il critique la démocratie en tant que règne du plus grand nombre[245], sans se prononcer pour autant en faveur d'une restauration de l'Ancien Régime. Il est aussi critique envers la vieille noblesse qu'à l'égard des « bourgeois démocrates » et compare les premiers aux flamands roses qui se tiennent debout dans

---

[243] *Le Gai Savoir,* Deuxième livre § 83, KSA III, 438. Il explique cette différence par « notre sens historique supérieur » qui écarte toute appropriation créative de données historiques.

[244] *Par-delà le bien et le mal,* Neuvième partie, « Qu'est-ce qui est noble? » § 267, KSA V, 220-221.

[245] Nietzsche évoque Tocqueville une fois – il apprécie qu'il est expérimenté dans l'administration de l'Etat comme Stendhal, Hume et Galiani. *Fragments posthumes,* avril-juin 1885 34 [69], KSA XI, 442.

des eaux peu profondes. Il leur oppose une nouvelle aristocratie à venir : « Ô mes frères ce n'est pas en arrière que votre noblesse doit regarder, mais *au loin !* Vous devez être des bannis de tous les pays de vos pères et de vos ancêtres ! »[246].

Les bourgeois démocrates sont pour Nietzsche des hommes sans qualité ni personnalité, auxquels la volonté créatrice fait défaut. A leur image il surnomme son époque « le siècle de la foule »[247], et plusieurs mots servent à leur description : « le troupeau » (*Heerde*), « la canaille (*Gesindel*) », « le peuple » (*Volk*), « la plèbe » (*Pöbel*). On trouve aussi l'expression « les hommes grégaires », ainsi que des métaphores animalières comme les « moutons » ou les « tarentules ». Jalouses des hommes d'exception, les tarentules avouent : « Nous voulons exercer notre vengeance sur tous ceux qui ne sont pas semblables à nous et les couvrir de nos injures »[248]. L'inquiétude de Nietzsche est grande, il se demande « à quoi se reconnaît l'aristocrate, sous le ciel lourd et bas de la populocratie (*Pöbelherrschaft*) commençante, qui rend toutes choses opaques et

---

[246]*Ainsi parlait Zarathoustra,* « Des tables anciennes et nouvelles » § 12, KSA IV, 255 ; Goldschmidt, p. 289.

[247]*Par-delà le bien et le mal*, Huitième partie, « Peuples et patries », KSA V, 203 ; *Aurore,* KSA III, 161.

[248]*Ainsi parlait Zarathoustra,* Deuxième partie, « Des tarentules », KSA IV, 128-129 ; Goldschmidt, p. 135-136. Au début du livre, lors de la chute mortelle du saltimbanque, la foule apparaît comme une mer en effervescence : « Le marché et la foule (*Volk*) ressemblaient à la mer quand la tempête s'y engouffre : tout le monde se dispersa, en tout sens, pêle-mêle et surtout à l'endroit où le corps allait s'écraser sur le sol. » Prologue § 6, KSA IV, 21. Deux aphorismes traitent de l'homme grégaire dans *Le Gai Savoir* : « Instinct de troupeau » et « Remords du troupeau ».

plombées »[249]. Il répond que le signe distinctif est l'estime de soi : « L'âme noble se respecte »[250].

En critiquant le parlementarisme en tant que règne de la foule, Nietzsche ne veut pas effectuer une analyse théorique du fonctionnement des institutions[251]. Ici comme ailleurs il procède comme un moraliste qui cherche à sonder les mobiles du comportement humain, et ses réticences à l'égard du parlementarisme se fondent sur le constat suivant : les hommes se laissent facilement manipuler. En effet, Nietzsche est très sceptique quant au contrôle du pouvoir. Certes, les Etats démocratiques permettent de critiquer le pouvoir exécutif, mais pour différentes raisons les citoyens préfèrent y renoncer. L'aphorisme intitulé « Les vieux et les jeunes » l'illustre. D'un côté les conservateurs ne veulent pas accepter l'existence de parlements et n'admettent pas que l'on puisse « avoir une autre opinion que le gouvernement », convaincus qu'il faut« toujours être du même avis que notre maître et seigneur »[252]. Mais d'autre part la nouvelle génération ne vaut guère mieux. Nietzsche reproche aux « jeunes » de se soumettre aussi facilement à l'autorité que leurs aïeux, même si d'autres raisonnements entrent en jeu chez eux : « Peut-être rira-t-on un jour de ce que la jeune génération à éducation parlementaire considère comme une attitude morale », note-t-il. Car leur « éthique nouvelle » les incite à « placer la ligne

---

[249] *Par-delà le bien et le mal,* Neuvième partie, « Qu'est-ce qui est noble ? » § 287, KSA V, 232-233 ; Bianquis, p. 397.

[250] *Ibid.*

[251] Comme le rappelle Hannah Arendt, Nietzsche ne se comprend pas en tant que politologue et se désintéresse de l'Etat qualifié de « monstre froid ». *Qu'est-ce que la politique ?* texte établi par Ursula Ludz, traduit et préfacé par Sylvie Courtine-Denamy, Paris, Editions du Seuil, 1995.

[252] *Aurore,* Livre troisième § 183, « Les vieux et les jeunes », KSA III, 159.

politique des partis au-dessus de la sagesse personnelle ». De sorte qu'ils répondent « à chaque question concernant le bien public en fonction du vent qui gonfle les voiles de leur parti » préféré[253].

En fin observateur et psychologue averti, Nietzsche n'ignore pas le rôle central de la séduction en politique. Ainsi signale-t-il que les députés et autres politiciens ont tout intérêt à cultiver l'art de séduire. Car le paraître l'emporte le plus souvent sur les compétences. Etant donné que « l'ivresse prime sur la nourriture », les représentants du peuple ne sont pas nécessairement les citoyens les plus méritoires, mais ceux qui offrent le spectacle le plus attrayant.

Nietzsche établit ce constat non seulement au sujet de son époque, il l'intègre aussi dans un contexte politique et anthropologique plus vaste. Ainsi rappelle-t-il que les peuples aiment en général l'aura de la gloire, peu importe sur quoi elle est fondée. Il peut s'agir aussi bien de « conquérants brillants » que des descendants « de vieilles dynasties somptueuses ». Dans les deux cas, les hommes grégaires, ces « tarentules » et autres « moutons », sont attirés et acceptent, sans résistance, de se laisser manipuler. Accomplissant docilement ce qu'on leur demande d'effectuer, ils acceptent même de « faire plus qu'obéir, à condition de pouvoir s'enivrer en même temps »[254]. Aucun doute n'est donc possible aux yeux de Nietzsche : « Les peuples se font si souvent tromper, parce qu'ils recherchent toujours un imposteur, autrement dit un vin qui enivre leurs sens ». Il est persuadé que « l'ivresse

---

[253] *Ibid.*
[254] *Ibid.*

leur est plus chère que la nourriture – voici l'hameçon dans lequel ils mordront toujours! »[255].

La presse

Une grande aversion vis-à-vis de la presse complète la méfiance nietzschéenne à l'égard du parlementarisme. Les deux sont en effet reliés, étant donné que l'essor de la presse accompagne la mise en place des systèmes démocratiques dans l'Europe du XIXe siècle. Nietzsche a bien compris leur impact sur les évolutions politiques et sociétales : « La presse, la machine, les chemins de fer et le télégraphe sont des prémices dont personne n'a encore osé tirer la conclusion millénaire » note-t-il[256]. Mais tandis qu'il s'intéresse peu aux innovations techniques, la presse retient une attention particulière, et les remarques à son égard anticipent par moment celles de Karl Kraus[257]. Dans l'ensemble Nietzsche est très polémique, le plus souvent il se contente de relater des aspects négatifs de la presse. A ce sujet il ne fait donc pas preuve de la compétence qui le caractérise très souvent, celle de sonder avec finesse les différentes nuances d'une problématique.

---

[255] *Aurore*, Troisième livre § 188 « Ivresse et nourriture », KSA III, 161.

[256] Cité par Richard Oehler, *Nietzsche Register. Alphabetisch systematische Übersicht über Nietzsches Gedankenwelt. Nach Begriffen und Namen aus dem Text entwickelt,* quatrième édition, Kröner, Stuttgart 1978, p. 371.

[257] Karl Kraus apprécie Nietzsche et ironise sur les nécrologies parues à Vienne dans la *Neue Freie Presse* : « Bientôt un économiste annoncera le jugement définitif sur Friedrich Nietzsche », mais dans l'attente le rédacteur Carl Bulcke « assistait à la cérémonie funèbre et en informait les lecteurs de manière dithyrambique; il fit l'éloge du grand volume de la moustache de Nietzsche, de la taille des mains du philosophe et de 'l'infinie étroitesse du cercueil' ». *Die Fackel*, n° 52, 1900, p. 14.

Nietzsche reconnaît ne pas avoir été un lecteur assidu de journaux. Affirmant avoir lu seulement *Le Journal des Débats*[258], la prestigieuse revue littéraire parisienne, il cite néanmoins plusieurs organes de la presse allemande. Parmi eux figurent des quotidiens de tendance libérale comme la *Augsburger Allgemeine Zeitung* ou la *Kölnische Zeitung*, mais aussi des journaux très conservateurs, à savoir la *Kreuzzeitung* et la *Norddeutsche Allgemeine Zeitung* qui diffusent l'opinion de Bismarck. Nietzsche évoque également le *Allgemeiner literarischer Anzeiger für das evangelische Deutschland*, les *Bayreuther Blätter*, la *Rundschau* et le *Literarisches Zentralblatt*[259].

Fustigeant le chauvinisme de la presse conservatrice, Nietzsche s'en prend avec sarcasme à son attitude anti-française : « La *Norddeutsche Allgemeine Zeitung*, ou celui qui en fait son porte-parole, décrit les Français comme des barbares, – pour ma part, je chercherais le continent noir, où il faut libérer les 'esclaves', plutôt près des Allemands du Nord »[260]. Mais il émet aussi des réserves vis-à-vis de la presse en général, peu importe son orientation politique. Ainsi l'accuse-t-il – un peu trop sommairement – de rendre la pensée plus grossière, en précisant que ce reproche vaut non seulement pour l'Allemagne, mais concerne aussi d'autres pays. Citant comme exemple *The Times*, le célèbre quotidien britannique qui fut le modèle pour d'autres périodiques en Europe, Nietzsche demande de façon rhétorique :

---

[258]*Ecce homo*, « Pourquoi j'écris de si bons livres » § 3, KSA VI, 361.
[259]Les remarques sur les journaux se trouvent dans plusieurs textes : *Schopenhauer comme éducateur*, *David Strauss, le confesseur et l'écrivain*, *Sur l'avenir de nos établissements d'enseignement*, *Humain, trop humain*, *Nietzsche contre Wagner*.
[260]*Nietzsche contre Wagner*, KSA VI, 427.

« N'assistons-nous pas tous les dix ans à une diminution de la vue dans les couches cultivées de l'Angleterre qui lisent *The Times*? »[261].

Il critique de plus le fait que l'argent joue un rôle non négligeable : « Un homme qui possède de l'argent et de l'influence peut transformer chaque avis en opinion publique »[262], constate-t-il. Cette donnée est d'autant plus pernicieuse que la plupart des journalistes se prêtent facilement au jeu : ils acceptent de recourir à de « petites malhonnêtetés » pour éviter leur licenciement. L'autocensure est fréquente, on évite d'écrire ce qui pourrait déplaire au public ou à l'éditeur. Cette tentation est grande, d'autant plus que les articles sont souvent couverts par l'anonymat : « En général [le journaliste] exprime *son* opinion sur un sujet, mais il arrive aussi qu'il *ne* le fasse *pas* ». Ainsi peut-il « protéger son parti, voire lui-même », car moralement il est « presque indifférent d'écrire ou de ne pas écrire une ligne de plus, et encore sans signature »[263].

L'ancrage de la presse dans l'actualité déplaît également à Nietzsche. Car il en résulte que le « serviteur de l'instant » qu'est le journaliste, se substitue au « grand génie » intempestif, à l'écrivain qui souhaite « délivrer [ses lecteurs] de l'instant »[264]. A travers la critique de la presse apparaît donc la recherche nietzschéenne de l'éternité qui se manifeste aussi dans d'autres contextes. A juste titre Karl Löwith rappelle que la troisième et la quatrième partie d'*Ainsi parlait Zarathoustra* « s'achèvent chacune sur un chant dédié à l'éternité (« car je t'aime ô

---

[261] *Humain, trop humain* II, § 233, KSA II, 658.
[262] *Humain, trop humain,* « Utilisation des petites malhonnêtetés » I,8 § 447, KSA II, 290-291.
[263] *Ibid.*
[264] *Ibid.*

éternité »). De plus, Nietzsche envisageait de terminer *Ecce homo* par un poème intitulé « Gloire et éternité »[265]. Le journaliste en revanche n'est pour lui qu'un « esclave du jour en papier »[266] qui préfère tenir son lecteur en haleine. En l'inondant d'une multitude de faits insignifiants, il le détourne de l'essentiel. Convaincu qu' « aujourd'hui encore tous les grands événements publics se glissent secrètement et comme voilés sur la scène du monde »[267], Nietzsche se demande : « Quelle importance peut-on alors accorder à la *presse* d'aujourd'hui, avec sa quotidienne dépense de poumon pour hurler, assourdir, exciter et effrayer ». Il conclut par la question suivante : « la presse est-elle autre chose qu'un *bruit permanent* et *aveugle* qui détourne les oreilles et les sens vers une fausse direction ? »[268].

Le « bruit » dont parle Nietzsche fait penser à Karl Kraus, plus exactement au vendeur de l'*Extrablatt* dans les *Derniers jours de l'humanité.* D'autres affinités existent également. Anticipant sur la critique krausienne du langage journalistique[269], la phrase suivante de Nietzsche

---

[265]Avec Karl Löwith on peut dire qu' « en combattant sa propre époque, Nietzsche luttait contre toute époque ». *Von Hegel zu Nietzsche. Der revolutionäre Bruch im Denkendes 19. Jahrhunderts,* in *Sämtliche Schriften,* Stuttgart, Metzler, 1988, vol. IV, p. 246-247.

[266]*La Naissance de la tragédie* § 20, KSA I, 130.

[267]Zarathoustra constate ainsi que « ce sont les mots les plus silencieux qui amènent la tempête. Des pensées qui viennent sur des pattes de colombes mènent le monde ». *Ainsi parlait Zarathoustra,* Deuxième partie, « L'heure la plus silencieuse », KSA IV, 189 ; Goldschmidt, p. 207.

[268]*Humain, trop humain* II, « Opinions et sentences mélangées » § 321, « La Presse », traduit de l'allemand par Anne-Marie Desrousseaux et Henri Albert revu par Angèle Kremer-Marietti, Paris, Le livre de poche, 1995, p. 498 ; KSA II, 511.

[269]Sur Nietzsche et Karl Kraus voir Angelika Schober, « Les aphorismes de Karl Kraus », in Gérard Grelle (dir.), *Identité et culture*

aurait pu sortir de la plume de l'éditeur du *Flambeau* : « Ils fabriquent des journaux avec les lambeaux de leur esprit », les réalisent à partir de « l'eau de lessive de leur mots »[270]. Ayant honte de cette « langue avilie et violentée », et voulant se démarquer de son époque où « chacun parle et écrit la langue allemande aussi mal que le siècle de l'allemand journalistique le permet ». De façon provocatrice Nietzsche songe même à « parler de nouveau latin »[271]. Il est d'autant plus exaspéré que « l'esprit des journalistes » investit progressivement tous les domaines de la vie publique, y compris les universités, et cela souvent « au nom de la philosophie ». Ainsi il n'est pas rare qu'un orateur porte « *Faust* et *Nathan le Sage* sur ses lèvres », quand il donne « une conférence plate et déguisée ». Même les commentaires sur la musique n'en sont pas épargnés. En effet, Nietzsche regrette beaucoup que ce « bavardage » s'impose aussi au niveau de « notre sainte musique allemande »[272].

Les réflexions nietzschéennes sur la presse font apparaître non seulement plusieurs affinités avec Karl Kraus. D'une certaine manière Nietzsche anticipe aussi sur Jürgen Habermas. Comme lui il souligne qu'à partir du XIXe siècle la presse ne se contente plus de publier des informations, mais veut agir comme « médiatrice et amplificatrice de la discussion publique »[273]. Cependant, il existe aussi une différence de taille entre les deux auteurs.

---

autrichiennes à la fin du XXe et au début du XXIe siècle, Limoges, Pulim, 2003, p. 113-129.

[270]Restant dans le flou, ce langage évite d'aller au fond des choses et de poser des questions qui dérangent.

[271]*Sur l'avenir de nos établissements d'enseignement* § 2, KSA I, 675.

[272]*Schopenhauer éducateur*, KSA I, 424.

[273]Jürgen Habermas, « Öffentlichkeit und öffentliche Meinung », in J. Habermas, *Kultur und Kritik. Verstreute Aufsätze*, Francfort sur le Main, Suhrkamp Verlag, 1973, p.63.

Pour Nietzsche, l'opinion publique orchestrée par la presse ne constitue pas de « forum pour l'émancipation » permettant aux différentes opinions de s'exprimer librement, comme Habermas le souhaite[274]. Au contraire, l'opinion publique n'est pour lui qu'une pensée largement unifiée, manipulée par ceux qui ont assez d'argent pour le faire. Ainsi Nietzsche reproche aux journalistes de ne pas respecter la pluralité des points de vue, mais de créer une pensée unique. Il les considère comme une « couche de médiation gluante qui cimente les joints entre tous les styles de vie, tous les états, tous les arts, toutes les sciences »[275].

On peut objecter que ce danger existe certainement, mais que Nietzsche formule un jugement trop global, pas assez nuancé. Quand il reproche à la presse que « deux directions s'y rejoignent », à savoir « l'élargissement et le rabaissement de la culture »[276], il ne veut pas admettre que cela peut constituer aussi un atout. Karl Jaspers en revanche le fait. Il apprécie en effet que la presse participe à la vulgarisation des connaissances et qu'elle soit capable de formuler des synthèses. Car ainsi elle peut exprimer « l'existence spirituelle » d'une époque et produire un « savoir vital » (*Lebenswissen*) accessible à tous[277]. Plus encore, Karl Jaspers pense même que « l'Antiquité pourrait être, et fut déjà un modèle pour certains journalistes ». D'après lui, les auteurs antiques maîtrisaient l'art de « rendre le monde compréhensible ». Nietzsche, cependant, n'établit aucun lien entre

---

[274] *Ibid.*,

[275] *Sur l'avenir de nos établissements d'enseignement* I, KSA I, 671.

[276] *Ibid.*

[277] Karl Jaspers, *Die geistige Situation der Zeit (1931),* Berlin, de Gruyter, 1971, p. 114-117.

journalistes et écrivains antiques, pour lui ils habitent deux planètes différentes.

Ajoutons que Karl Jaspers met en valeur les points forts de la presse, sans oublier de signaler ses implications problématiques. Il voit évidemment qu'elle peut devenir un instrument souple entre les mains d'habiles manipulateurs – mais seulement lorsque les journalistes trahissent leur *ethos*. Nietzsche, par contre, se concentre sur les seuls aspects négatifs et ne perçoit aucun *ethos* journalistique.

3. L'Europe unifiée et le « bon Européen »

Nietzsche ne se contente pas de critiquer l'Europe de son époque, il réfléchit également sur les modalités d'un renouveau. A cette fin il mise sur l'unification du continent et sur l'avènement du « bon Européen », de sorte que nous pouvons dire que le « vœu le plus cher » de Zarathoustra comprend aussi une dimension européenne : « Et voilà toute ma poésie et mes aspirations. Assembler et réunir en un ensemble ce qui est fragment et énigme et cruel hasard »[278]. Combattant « la folie des nationalismes » qui divise l'Europe, Nietzsche souhaite qu'elle retrouve son unité[279].

Le nationalisme étant un puissant ressort politique au XIXe siècle, Nietzsche s'avère intempestif en le fustigeant. Il parle d'une « névrose nationale »[280], considère la « folie

---

[278]*Ainsi parlait Zarathoustra*, Troisième partie, « Des tables anciennes et nouvelles » § 3, KSA IV, 248.

[279]Cf. Volker Gerhardt, Renate Reschke (dir.), *Nietzsche und Europa – Nietzsche in Europa,* Munich, Oldenbourg Verlag, 2007.

[280]En français dans le texte. *Ecce homo,* « Le cas Wagner » § 2, KSA VI, 360.

nationaliste » comme « la maladie et la déraison la plus *destructrice de la culture* qui soit »[281], et demande qu'elle soit surmontée. L'appel de Zarathoustra « Dépassez-vous ! », qui s'adresse prioritairement aux individus, concerne donc aussi les nations. Convaincu que l'*Europe veut être unie*[282], Nietzsche peut en effet être appelé le « *grand effaceur des frontières* en Europe »[283].

Pour réaliser l'unité européenne, il compte en particulier sur les Allemands, auxquels il demande d'y contribuer par leur qualité d'*interprètes et médiateurs entre les peuples*[284], sans préciser pour autant quand ils auraient fait preuve de cette compétence. Un rôle plus important encore revient aux Juifs, car le fait de vivre dans différents pays, les prédispose à la tâche d'unifier l'Europe. Nietzsche les considère même comme le meilleur « antidote à la rage nationale »[285]. Il déplore ainsi que « dans presque toutes les nations d'à présent – et cela d'autant plus qu'elles se donnent un air nationaliste », les Juifs soient menés « à l'abattoir comme boucs émissaires de tous les maux publics et privés »[286]. Se décrivant lui-même comme un « anti-antisémite », Nietzsche s'exclame : « Ô! Quel bienfait est un Juif parmi les bovins allemands », « messieurs les antisémites sous-estiment cela »[287]. Pour s'opposer à l'antisémitisme ambiant, il

---

[281]*Ibid.*

[282]*Par-delà le bien et le mal,* § 256, KSA V, 201.

[283]Jean Pierre Faye, *Le vrai Nietzsche,* p. 58.

[284]*Humain, trop humain*, Huitième partie, Un regard sur l'Etat, I, § 475 « L'homme européen et la destruction des nations », KSA II, 309.

[285]Jean Pierre Faye, *Le vrai Nietzsche,* p. 26.

[286]*Humain, trop humain*, Huitième partie, Un regard sur l'Etat, I, § 475 « L'homme européen et la destruction des nations », KSA II, 310.

[287]*Fragments posthumes*, automne 1888, KSA XIII, 580 (21[6]). A ce sujet voir Sarah Kofman, *Le mépris des Juifs. Nietzsche et les Juifs, l'antisémitisme,* Paris, Galilée, 1994, ainsi que Jacques le Rider/

rappelle ce que l'Europe doit aux Juifs, à savoir « l'homme le plus noble (le Christ), le sage le plus pur (Spinoza), le livre le plus puissant et la loi morale la plus efficace du monde »[288]. S'y ajoute le fait suivant : au Moyen Age, ce furent des « libres penseurs, des savants, des médecins juifs » qui défendirent la liberté de penser dans des conditions extrêmement difficiles et au péril de leurs vies ». Portant « le drapeau des Lumières », ils permirent que « la chaîne de la civilisation qui nous rattache aux lumières de l'Antiquité gréco-romaine, soit restée ininterrompue »[289].

D'après Nietzsche, l'unification de l'Europe aura lieu en dépit des nationalismes qui s'y opposent, car les exigences du monde moderne, notamment dans le domaine économique, vont dans le sens de l'unité. La mobilité étant indispensable pour le « commerce et l'indiustrie », la nécessité de changer souvent de pays aura pour conséquence que « ceux qui ne possèdent pas de terre », seront obligés de mener une « vie de nomade ». Ces facteurs entraîneront successivement « l'affaiblissement et enfin la destruction des nations, au moins des nations européennes ». Ce qui est d'autant plus probable que Nietzsche perçoit « le nationalisme qui sépare les pays européens » comme un « nationalisme artificiel ». Il parle même d'un « état de siège forcé que

---

Dominique Bourel (dir.), *De Sils Maria à Jérusalem. Nietzsche et le judaïsme, les intellectuels juifs et Nietzsche*, Paris, Editions du Cerf, 1991.

[288] *Humain, trop humain,* Huitième partie, Un regard sur l'Etat I, § 475 « L'homme européen et la destruction des nations », KSA II, 310.

[289] *Humain, trop humain*, Huitième partie, Un regard sur l'Etat, I § 475 « L'homme européen et la destruction des nations », KSA II, 309 ; traduit par Anne-Marie Desrousseau et Henri Albert, revu par Angèle Kremer-Marietti, Paris, Le Livre de poche, 1995, p. 307.

certaines personnes imposent au grand nombre »[290]. Ainsi les divisions nationales ne reflètent pas la volonté des peuples, contrairement à ce « qu'on aime à dire, mais surtout l'intérêt de certaines dynasties princières ». A quoi s'ajoute l'intérêt de « certaines classes des affaires et de la société ». Par conséquent, il faudra renoncer au concept de nation, pour y substituer celui de l'identité européenne. A cette fin il est indispensable d'avoir le courage d'« œuvrer pour la fusion des nations », sans craindre d'être seulement de *bons Européens*[291].

Même si le nationalisme a « porté au pinacle des politiciens à la vue courte » qui ne voient pas que leur « politique de division ne peut être qu'épisodique »[292], Nietzsche décèle plusieurs « signes avant-coureurs » qui annoncent « que l'Europe *veut s'unifier* ». Ces signes ne concernent pas le domaine politique, mais celui de l'art, Nietzsche les remarque chez les écrivains, musiciens et peintres. Il est persuadé que « tous les esprits vastes et profonds de ce siècle » sont en train d'effectuer un « travail mystérieux », afin de réaliser une « synthèse nouvelle ». « A titre expérimental », ils anticipent ainsi « l'Européen de l'avenir »[293].

La synthèse en question apparaît déjà dans l'espace franco-allemand. Ayant bien saisi la proximité entre Wagner et le romantisme français, Nietzsche conclut que l' « art complexe et tumultueux » d'un Delacroix fait surgir « l'âme de l'Europe, de l'Europe une »[294]. Par leur prédilection pour « tout ce qui est étrange, exotique,

---

[290]*Ibid.,* KSA II, 309 ; Kremer-Marietti, p. 306.
[291]*Par-delà le bien et le mal*, Huitième partie, « Peuples et patries » § 256 ; Bianquis, p. 341.
[292]*Ibid.*
[293]*Par-delà le bien et le mal*, Huitième partie, « Peuples et patries » § 256, KSA V, 202.
[294]*Ibid.*; Bianquis, p. 341-342.

monstrueux, tortueux, contradictoire »[295], les artistes de la seconde moitié du XIXe siècle montrent comment l'âme européenne « s'élance et aspire » à quelque chose de nouveau qui reste à définir. Mais un trait essentiel se dessine d'ores et déjà. C'est le décloisonnement des genres artistiques comme conséquence du désir d'aller au-delà des frontières. Nietzsche l'aperçoit en effet dans les nouvelles formes d'art qui dépassent les genres traditionnels en les mélangeant quelques fois. Ainsi les peintres romantiques français étaient « tous, sans exception », et à l'instar de Wagner, « férus de littérature »[296]. Confirmant cette volonté d'aller au-delà des frontières des arts, Nietzsche note au printemps 1885 : « En comparant par exemple Delacroix et Richard Wagner », on découvre des traits communs de l'*âme européen* (*Europäer-Seele*). Car « l'un est *peintre-poète*[297] », l'autre fait des poèmes avec des sons (*Ton-Dichter*) – et cela en fonction des différents talents français et allemands ». Nietzsche précise qu'au-delà de cette différence, l'essentiel leur est commun : « Ils sont pareils »[298].

Le « bon Européen » de l'avenir doit donc être capable d'abattre les cloisons et de dépasser les structures existantes. Ce qui l'oblige à renoncer à l'enracinement, de sorte qu'il ressemble, d'une certaine manière, à la figure mythique du Juif errant que Nietzsche évoque à plusieurs reprises. Au sujet du « voyageur et son ombre », il fait dire à Zarathoustra : « Et si tu veux me donner un nom, appelle-moi le bon Européen ». Et « si enfin tu veux m'appeler le Juif errant, je ne t'en veux pas : comme lui je

---

[295] *Ibid.,* KSA V, 203 ; Bianquis, p. 345.
[296] *Ibid.*
[297] En français dans le texte.
[298] *Fragments posthumes*, avril-juin 1885, KSA XI, 476, 34 [166].

suis toujours en route, sans but et sans maison »[299]. Les « bons Européens » sont donc tenus à être des « sans-patrie » (*Heimatlose*), ils devraient prendre Goethe, Beethoven, Stendhal, Heine ou Schopenhauer comme modèle, c'est-à-dire les grands Européens qui selon Nietzsche ont dépassé leurs nations[300]. Il précise que l'on trouve déjà « parmi les Européens d'aujourd'hui » plusieurs personnes « qui peuvent s'appeler de bon droit des sans-patrie au sens honorifique »[301]. A quoi nous ajouterions ceci : disposés à s'ouvrir aux autres, les « bons Européens » de demain seront capables non seulement de former de nouvelles synthèses dans l'espace européen mais sauront également aller au-delà de l'Europe.

---

[299]Commentaire sur le volume 4, KSA XIV, 337.

[300]*Par-delà le bien et le mal*, Huitième partie, « Peuples et patries » § 256 ; Bianquis, p. 341.

Le « bon Européen » devra avoir aussi des traits de l'homme de l'avenir que Nietzsche surnomme parfois le « Surhomme », et qui est censé « dépasse[r] de loin l'homme laid et raté qui souffre de soi et des autres ». (Karl Löwith, *Nietzsches Philosophie der ewigen Wiederkehr des Gleichen,* traduit par Anne-Sophie Astrup, *Nietzsche Philosophie de l'éternel retour du même,* Paris, Calman-Lévy, 1994, p. 222-223.) Il se caractérise par le préfixe *über* (sur) qui apparaît dans plusieurs expressions et indique précisément la capacité de se dépasser : *Überwindung* (dépassement), *Überfülle* (surabondance), *Übergüte* (surcroît de bonté) etc ; cf. Karl Löwith, p. 292, note 262.

[301]*Le Gai Savoir,* « Nous autres *sans-patrie* », KSA III, 628 sq.

IV. Au-delà de l'Europe

La richesse de la pensée de Nietzsche résulte en partie du fait de ne pas se limiter à l'Europe, mais d'intégrer des cultures extra-européennes et de s'intéresser à l'Inde, à l'Islam et à la Chine notamment[302]. Une Europe repliée sur elle-même n'est pas nietzschéenne, son au-delà est également pris en compte. Nietzsche le découvre dans l'Orient au sens large du terme où plusieurs vecteurs se superposent, des faits cultuels et culturels autant que des espaces naturels comme le désert ou la mer.

Les connaissances de Nietzsche sur l'Orient proviennent de plusieurs sources et restent somme toute assez restreintes. Au sujet de l'Inde, il s'informait grâce aux deux livres de son ami Paul Deussen, *Das System des Vedânta* et *Die Sutras des Vedânta.* On peut citer aussi l'ouvrage de K. F. Köppen *Die Religion des Buddha und ihre Entstehung (La religion du Bouddha et sa naissance),* emprunté en décembre 1870 à la Bibliothèque universitaire de Bâle, ainsi que *Les législateurs religieux. Manou, Moïse, Mahomet* de Louis Jacolliot, découvert en 1888. Sur l'Islam, Nietzsche consultait *Der Islam in Morgen- und Abendland (L'Islam en Orient et en Occident*) d'August Müller et les travaux de Julius Wellhausen[303]. Ses informations sur la Chine proviennent d'un Hollandais originaire de Java qui séjournait dans le même hôtel que lui à Sils-Maria[304].

---

[302]Voir aussi Angelika Schober, « Nietzsches Blick auf außereuropäische Kulturen : Indien, China, Islam », *Kairoer Germanistische Studien* n° 18, 2008/2009, p. 397-415.
[303]Jörg Salaquarda, Commentaire sur le volume 6, KSA XIV, 447.
[304]Le 21 août 1885 Nietzsche écrit à sa mère : « J'ai maintenant pour compagnie un Hollandais qui me raconte beaucoup sur la Chine. » Cf. Curt Paul Janz, *Friedrich Nietzsche. Biographie, op. cit.,* p. 397.

C'est de manière très libre que Nietzsche présente l'au-delà de l'Europe, conformément à sa conviction qu'il faut traiter l'histoire et les cultures non pas de façon objective, à la manière d'un scientifique, mais comme un artiste en les utilisant à ses propres fins[305]. Un bel exemple de cette démarche est l'adaptation de Zarathoustra. L'appelant un « sage venu d'Orient », Nietzsche confirme, certes, son espace culturel authentique, mais il écrit aussi que « la particularité de ce Persan » est « exactement le contraire » de ses propres intentions[306]. Le Zarathoustra historique était le premier à considérer le combat entre le bien et le mal comme « le moteur du mécanisme des choses », tandis que Nietzsche souhaite dépasser ces catégories. En effet, son Zarathoustra parle d' « une vielle folie qui s'appelle bien et mal »[307]. Cependant, une affinité essentielle existe malgré tout. Selon Nietzsche, le prophète persan a compris l'histoire comme « la réfutation expérimentale d'un ordre moral universel », et pour cette raison, il le juge « plus véridique que n'importe quel autre penseur » ; « la véracité » serait même sa « vertu suprême »[308]. Etant donné que Nietzsche aspire lui-même aussi à la véracité[309], il nomme son porte-parole Zarathoustra – en précisant qu'il signifie pour lui « le dépassement de la morale à partir de la véracité, ainsi que sa transformation en son contraire, en moi »[310].

---

[305]Cf. Angelika Schober, « L'art de l'histoire selon Nietzsche », *Etudes Germaniques*, avril-juin 2000, p. 221-233.

[306]*Ecce homo* – « Pourquoi je suis un destin » § 3, KSA VI, 367.

[307]*Ainsi parlait Zarathoustra,* Troisième partie, « Des anciennes et des nouvelles tables » § 9, KSA IV, 253.

[308]*Ecce homo,* « Pourquoi je suis un destin » § 3, KSA VI, 367.

[309]Nous avons vu plus haut qu'il reproche aux Allemands de ne pas oser regarder la réalité en face (p. 46).

[310]*Ecce homo,* « Pourquoi je suis un destin » § 3, KSA VI, 367.

Pour illustrer la perception de l'Orient par Nietzsche, nous regardons d'abord s'il suit les traces de Goethe. Puis nous analyserons les liens entre les cultes et les cultures, tels que Nietzsche les présente. Enfin nous reconstruirons son image de l'Inde, de l'Islam et de la Chine.

1. Sur les traces de Goethe ?

Chez Nietzsche et Goethe, l'importance de l'Orient ressort du fait qu'ils l'intègrent dans les titres de deux ouvrages – *Ainsi parlait Zarathoustra* et le *Divan occidental-oriental.* Nous remarquons de plus que les deux auteurs s'intéressent aux mêmes thématiques, à savoir l'Eros et la religion. Mais les interprètent-ils de la même façon ?

A l'aide du couple Hatem et Suleika, le *Divan* goethéen présente une image idéalisée de l'Eros oriental[311], et en soulignant l'équilibre entre sensualité et spiritualité, il fait apparaître également l'idéal du classicisme weimarien. Nietzsche, par contre, apprécie une autre forme de l'Eros, plus destructrice, qui rappelle l'intention de Zarathoustra de briser les tables de la morale. Quant aux fêtes babyloniennes en l'honneur de Dionysos, il note : « L'essentiel se trouva dans la licence sexuelle, dans la destruction de la famille par le règne illimité des hétaïres »[312]. Le côté néfaste de l'Eros est aussi présent dans la danse de Carmen qualifié de « mauresque », et les « filles du désert » qui enchantent Zarathoustra incarnent, elles aussi, l'Eros par-delà le couple et la morale[313].

---

[311]Hatem correspond à Goethe, Suleika à Marianne von Willemer.

[312]*Die dionysische Weltanschauung,* KSA I, 558.

[313]Voir Chapitre V. La Méditerranée, *3. Figures-clés : Carmen et les filles du désert,* p. 134-139.

Pour ce qui est de la religion, un constat analogue s'impose. Une fois de plus, Nietzsche et Goethe cherchent et trouvent autre chose en Orient. Goethe rend hommage à Dschelâl-Eddîn Rûmî, le mystique de l'Islam qui fonda l'ordre des derviches tournants, dont il admire la Samâ, la danse cosmique célébrant l'harmonie universelle[314]. Il apprécie également le « rosaire mahométan » qui invite les fidèles à louer Dieu par la récitation de ses quatre-vingt-dix-neuf noms les plus beaux. Précisant que l'esprit de louange caractérise non seulement la religion, mais aussi la poésie orientale, Goethe en tire la conclusion suivante : « Le vrai poète est appelé à ressentir en lui la magnificence du monde ». Il s'ensuit qu'il devra un jour, après avoir « parcouru tous les sujets terrestres », « mettre ses talents au service de la glorification de Dieu »[315].

Les « Notes sur Rûmî » (dans les annexes au *Divan occidental-oriental*) montrent aussi que Goethe aspire non seulement à l'équilibre harmonieux entre la sensualité et la spiritualité au sein du couple mais qu'il vise la transcendance. En effet, la pensée orientale est pour lui un complément à la philosophie européenne, telle qu'elle s'est développée à la suite de l'essor des sciences au XVIIe siècle. La spiritualité de l'Orient constitue un contrepoids au rationalisme occidental, de sorte que Goethe écrit : « Celui qui se connaît soi-même et les autres, reconnaîtra aussi : Orient et Occident ne peuvent plus se séparer »[316]. Tout en étant l'un des plus illustres représentants des Lumières allemandes, Goethe a donc compris, avant Max Weber, que le « désenchantement du

[314]Rûmî compte parmi les plus célèbres poètes de langue persane et vécut au treizième siècle dans la ville de Konya.

[315]*West-östlicher Divan, Noten und Abhandlungen zum West-östlichen Divan,* Francfort sur le Main, Insel Taschenbuch 75, 1974, p. 158.

[316]*Ibid.*, p. 73; Cf. Angelika Schober, « Goethe entre Orient et Occident », *L'art du comprendre* n° 14, juin 2005 : *Goethe. Phénomènes, signes et formes du monde,* p. 167-174.

monde par la science » appauvrira l'humanité, et que le progrès des sciences devra être ajusté par des valeurs complémentaires et spirituelles.

Chez Nietzsche on trouve une constellation différente. En Orient, il ne cherche pas des arguments en faveur de la religion, mais un appui pour la remettre en question. Il les découvre surtout dans la pensée indienne. Nietzsche et Goethe parcourent donc l'Orient de manière différente et en retiennent autre chose, en fonction de leurs différents questionnements respectifs[317]. Mais cela n'exclut pas que Nietzsche suive d'une certaine manière les traces de Goethe. Car, en allant au-delà de l'Europe, il met en pratique la citation goethéenne qu'il a placé comme *leitmotiv* au début de la *Seconde Considération intempestive* : « Par ailleurs je déteste tout ce qui ne fait que m'instruire sans stimuler mon activité, ou la vivifier immédiatement »[318]. En effet, dans la géosphère de l'Orient Nietzsche se concentre sur ce qui conforte ses propres convictions ; il ne cherche pas à brosser un tableau objectif des différentes cultures.

2. Cultes, cultures et fondateurs de religions

Pour s'approcher de l'au-delà de l'Europe, Nietzsche ne développe pas de méthode spécifique, mais procède comme il le fait aussi dans d'autres domaines : il recourt à deux démarches complémentaires qu'il combine. En tant que psychologue et moraliste, il sonde le comportement

---

[317]Cf. Angelika Schober, « Goethe und Nietzsche auf der Suche nach dem Orient », in Jean-Marie Valentin (dir.), *Germanistik im Konflikt der Kulturen, Jahrbuch für Internationale Germanistik,* Reihe A – Band 85, Peter Lang, Bern 2007, p. 85-94.

[318]*De l'utilité et de l'inconvénient de l'histoire pour la vie,* préface, KSA I, 245.

humain, comme généalogiste, il s'interroge sur l'origine des phénomènes observés. De plus, Nietzsche travaille de façon comparatiste. D'une part, il compare les espaces extra-européens entre eux, d'autre part il les met en relation avec des réalités européennes. De sorte que le regard sur l'autre s'accompagne souvent d'une réflexion sur soi. En s'intéressant aux liens entre cultes et cultures, Nietzsche anticipe du reste sur quelques aspects de la sociologie des religions de Max Weber, même s'il choisit une perspective différente. Il cherche à montrer comment les religions reflètent des faits sociaux préexistants, tandis que Max Weber analyse l'influence des croyances religieuses sur le développement des activités économiques.

Nietzsche apprécie les fondateurs des religions, peu importent leurs enseignements. Il estime Bouddha, Confucius, Mahomet, Moïse et Jésus en tant qu'hommes d'exception qui surent changer le monde à l'aide des cultes qu'ils initièrent. Pour expliquer comment ils y arrivèrent, Nietzsche propose plusieurs éléments de réponse. Dans un premier temps il constate que les fondateurs des religions ne poursuivent pas des intérêts personnels, mais agissent au nom d'une puissance supérieure[319]. Sous le titre « Les législateurs de l'avenir » il note : « Les fondateurs des religions ont reçu leur appel comme un commandement de leur Dieu », et « leur code de valeurs ressort d'une inspiration, dont la mise en pratique constitue un acte d'obéissance »[320]. De plus Nietzsche est convaincu qu'un « mensonge » se trouve au fond de chaque religion, peu importe qui la propage, qu'il s'agisse de « Confucius, de la loi de Manou, de Mahomet, de l'Eglise chrétienne »[321]. Pour porter des fruits, ce

[319] *L'Antéchrist* § 55, KSA VI, 239.
[320] *Fragments posthumes*, été-automne 1884, KSA XI 258.
[321] *L'Antéchrist* § 55, KSA VI, 239.

« mensonge sacré » doit convenir aux coutumes des populations visées. Autrement dit, il faut qu'un enseignement religieux corresponde à la mentalité d'un peuple. Plus encore, pour être accueilli, il doit valoriser ce que les gens aiment déjà et en « augmenter le prestige ». Dans le même sens, Nietzsche note en 1881 : « Nous recherchons une philosophie qui correspond à ce que nous possédons ». Il ajoute que les « grands réformateurs comme Mahomet ont saisi » cela. Ils surent « entourer d'une auréole nouvelle les vieilles habitudes », sans forcer les hommes à aspirer à quelque chose de radicalement nouveau et étranger à leurs habitudes[322]. Deux ans plus tard le même argument revient dans *Le Gai Savoir* : les fondateurs des religions ont compris que toute religion s'intègre dans un contexte historique et doit servir à des fins précises[323].

Pour illustrer son propos, Nietzsche compare, de façon un peu caricaturale, le bouddhisme au christianisme en affirmant que les deux religions s'adressent au fond au même type d'hommes : « Dans la province romaine, Jésus (ou Paul) » a rencontré des « gens simples, une vie modeste, vertueuse et accablée ». En attribuant « une plus haute valeur » à leur existence, Jésus donna à ces gens « le courage de mépriser toute autre forme de vie », et d'ériger la leur en « modèle absolu ». Quant au bouddhisme, Nietzsche perçoit une constellation analogue : « Bouddha trouva le même type d'hommes dans toutes les couches sociales de son peuple. » Dotés d'un caractère passif, voire paresseux, les Indiens auraient été disposés à apprécier le mode de vie prôné par Bouddha : « Par lassitude ils sont bons et surtout inoffensifs », et « par

---

[322]*Fragments posthumes*, printemps-automne 1881, KSA IX, 449.

[323]*Le Gai Savoir,* Cinquième livre, « De l'origine des religions » § 353, KSA III, 589-590.

paresse ils vivent de façon abstinente, presque sans aucun besoin »[324].

Toujours dans *Le Gai Savoir,* Nietzsche considère les religions à l'instar de Marx, mais sans le citer, comme une sorte d'opium pour le peuple. Car le rôle principal de la prière serait d'anesthésier les croyants : « Dans toutes les cultures », écrit-t-il, « la prière n'a pas pour vocation d'élever les hommes », mais elle veut les calmer, afin qu'ils ne dérangent pas trop ». Peu importent les pratiques concrètes ! « Qu'ils répètent, à l'instar des Tibétains, d'innombrables fois leur 'Om mane padme hum', ou comptent sur leur doigts, comme à Bénarès, le nom du dieu Ram-Ram-Ram (et ainsi de suite de manière plus ou moins gracieuse), qu'ils vénèrent Vishnu avec ses mille, Allah avec ses quatre-vingt-dix-neuf noms, qu'ils se servent de moulins à prière ou de chapelets », le but est toujours le même. Ce qui compte est de les « immobiliser pendant un certain temps, pour qu'ils offrent un spectacle assez supportable »[325].

Cependant, en niant ici toute puissance élévatrice des religions, Nietzsche oublie ce qu'il reconnaît ailleurs : dans *Humain, trop humain* il atteste aux cultes précisément la capacité d'élever l'humain. « L'Eglise catholique et tous les cultes antiques maîtrisaient la totalité des moyens qui transportent l'homme dans des états d'âme particulier », constate-t-il, en précisant que plusieurs données doivent agir de concert pour y arriver. Lors de la célébration d'une messe, l'oreille est touchée par des « appels sourds, réguliers, retenus », le prêtre amène l'assemblée « à l'écouter presque anxieusement pour se préparer au miracle ». L'enjeu de l'architecture est

---

[324] *Ibid.,*

[325] *Le Gai Savoir,* « La valeur de la prière », Troisième Livre § 128, KSA III, 484.

également de taille : en tant que « demeure d'une divinité », l'église « s'étend à l'infini et « ses espaces sombres font redouter son éveil »[326].

Cet exemple confirme un trait caractéristique du discours nietzschéen. Souvent ses positions ne sont pas arrêtées, mais fluctuantes. Il s'agit d'une pensée en mouvement où l'on trouve des affirmations qui peuvent être remises en question ailleurs. Ce qui rapproche Nietzsche de Montaigne, l'un de ses auteurs préférés.

Quant aux religions, retenons encore ceci : pour expliquer leurs expansions au-delà leurs espaces d'origine, Nietzsche utilise également des arguments psychologiques et sociologiques, du moins en partie. Pour s'implanter ailleurs, une religion doit avoir des affinités avec la mentalité des peuples missionnés. Ce qui implique que deux ethnies pratiquant le même culte ont beaucoup de choses en commun et se ressemblent. Au sujet de l'expansion du bouddhisme, Nietzsche propose ainsi l'explication suivante, assez osée et peu approfondie. Il affirme qu'elle se doit « en large mesure à la nourriture à base de riz consommée par les Indiens de façon exagérée, presque exclusivement », car un « amollissement général » en résulterait[327]. Quant à l'expansion du christianisme, le constat suivant s'impose à ses yeux : en protégeant les faibles, cette religion pouvait facilement séduire tous les déshérités. Certes, Nietzsche n'a pas entièrement tort en affirmant ccci, mais il oublie de signaler d'autres aspects, qui entrent également en jeu. En effet, un nombre

---

[326] *Humain, trop humain* III, « La vie religieuse » § 130, traduction de A.-M. Desrousseaux et H. Albert revue par A. Kremer-Marietti, Paris, Le Livre de poche, 1995, p. 129.

[327] *Aurore,* Cinquième livre § 558, KSA III, 325. A la différence de Montesquieu (*De l'esprit des lois*), Nietzsche ne s'intéresse pas à l'impact du climat sur les différentes législations, y compris celles des religions.

considérable d'hommes et de femmes appartenant aux élites de l'Empire romain ont rapidement adhéré au nouveau culte. Sans cet appui aristocratique il n'aurait guère pu s'imposer.

Dans ses commentaires sur les religions, Nietzsche aborde aussi le judaïsme et Moïse, son fondateur. Il le cite parmi les grands hommes qu'il admire[328], d'autant plus qu'il s'est « posé les mêmes questions » que lui-même. Moïse a non seulement instauré un culte nouveau, il agissait aussi en homme politique : il fit sortir les Hébreux de l'Egypte, les libérant ainsi du joug de Pharaon. Si Moïse n'est cité que sept fois, ses traces se trouvent néanmoins à différents endroits de l'œuvre de Nietzsche. Ce qui montre qu'il l'intègre de façon non négligeable dans sa réflexion. Ainsi au début du chapitre « Des vielles et des nouvelles tables » il fait allusion à Moïse en faisant dire ceci à Zarathoustra : « Je suis assis ici et j'attends, entouré de vielles tables brisées et de nouvelles à moitié écrites. »[329] On note cependant une différence de taille : le motif de la destruction des tables est différent chez les deux prophètes. A Zarathoustra elles paraissent dépassées, il veut les anéantir pour libérer l'homme. Moïse, par contre, les casse pour une autre raison. Il se met en colère contre son peuple qui est retombé dans l'idolâtrie pendant qu'il reçut les Tables de la Loi du Dieu unique.

Moïse est évoqué du reste lorsque Nietzsche s'interroge sur la signification de la vie, en affirmant qu'elle rejette tout ce qui est morbide : « Vivre – cela veut dire :

---

[328]Il s'agit de « Zarathoustra, Moïse, Jésus, Platon, Brutus, Spinoza et Mirabeau ». *Fragments posthumes,* automne 1881, 15 [17], KSA IX, 642.

[329]*Ainsi parlait Zarathoustra,* Troisième partie, « Des vielles et des nouvelles tables » § 1, KSA IV, 246 ; Goldschmidt, p. 277.

repousser toujours loin de soi ce qui veut mourir ; vivre – cela veut dire : être cruel et impitoyable envers tout ce qui faiblit et vieillit chez nous, et non seulement chez nous. » Mais Nietzsche recule devant cette conclusion, préfère la reformuler sous forme de question : « Vivre – cela veut donc dire être sans pitié envers les mourants, les misérables et les vieillards ? Être constamment un assassin ? » Il termine sa réflexion par un rappel de Moïse et du cinquième commandement, soulignant ainsi le caractère problématique d'une interprétation purement vitaliste de la vie : « Le vieux Moïse a pourtant dit : « Tu ne tueras point ! »[330].

Au sujet du judaïsme qui relie l'Europe à son au-delà oriental, Nietzsche fait quelques remarques, certaines positives, d'autres plus critiques. Nous avons vu[331] que dans *Humain, trop humain* il attribue aux Juifs « la loi morale la plus efficace au monde ». Il les estime en outre pour avoir permis à l'Europe de préserver l'héritage de l'Antiquité pendant le Moyen Age[332]. De plus, il les apprécie en tant qu'antidote au nationalisme, indispensable à la réalisation de l'unification européenne. Mais on ne peut passer sous silence le fait suivant non plus : dans *La Généalogie de la morale, Par-delà le bien et le mal* et *L'Antéchrist* une autre tonalité prévaut. En effet, ces écrits de la fin des années quatre-vingt

---

[330]*Le Gai Savoir*, Premier Livre, « Que veut dire vivre » § 26, KSA III, 400 ; Wotling, p. 86.

[331]Cf. Chapitre IV. L'Europe, *3. L'Europe unifiée et le « bon Européen »*.

[332]*Humain, trop humain* I, (1878), Huitième partie I, § 475, « Un regard sur l'Etat. § 475 : « L'homme européen et la destruction des nations », KSA II, 309-311. Nietzsche constate de plus : « Si le christianisme a tout fait pour orientaliser l'Occident, le judaïsme a contribué de manière essentielle à l'occidentaliser de nouveau ». Car « dans un certain sens », il a « fait de l'histoire et de la mission européenne une *continuation de celles de la Grèce* ».

contiennent non seulement de vives charges contre le christianisme, ils soulignent aussi ses racines juives. Dans ce contexte le plus grand reproche à l'égard du judaïsme est donc celui-ci : il aurait préparé « la révolte des esclaves en morale »[333] que le christianisme aurait achevé plus tard.

Se référant tacitement au livre *Prolégomènes à l'histoire d'Israël (Prolegomena zur Geschichte Israels*) de Julius Wellhausen (1883), qui « marqua un tournant décisif dans les études vétérotestamentaires »[334], Nietzsche distingue différentes époques au sein de l'Ancien Testament. Il regrette en particulier que la « situation de détresse » caractérisant la période d'exil ait produit des conséquences très négatives : « Une religion sémitique qui *dit oui* », et qui est « issue des classes *dominantes* » de la société s'est transformée en « une religion sémitique qui *dit non* en émergeant des classes *soumises* ». Cette transformation permit aux prêtres de jouer un rôle crucial : « Sous les mains du prêtre juif, la *grande époque* de l'histoire d'Israël est devenue une époque de déclin », constate Nietzsche avec amertume. Car l'exil fut interprété par eux comme « une *punition* éternelle », nécessaire à « expier la grande époque où le prêtre n'était encore rien… ». En préparant la transformation des valeurs, les prêtres se sont notamment attaqués aux « puissantes figures de l'histoire d'Israël, très *libres* dans leur épanouissement » : « selon leurs besoins, ils en firent soit

---

[333]*Par-delà le bien et le mal*, « L'histoire naturelle de la morale » § 195, KSA V, 117, voir aussi *Généalogie de la morale,* Première dissertation « Bon et méchant », « bon et mauvais » § 10, KSA V, 271.

[334]Nietzsche l'a lu au début de l'année 1888. Voir le chapitre « La transvaluation sacerdotale » dans *Nietzsche et l'ombre de Dieu* de Didier Franck, Paris, PUF, 1998, p. 429-457. Les traces de cette lecture se trouvent notamment dans *L'Antéchrist. Ibid.*, p. 441.

des couards [...], soit des 'impies'[335] ». Prétendant connaître la volonté de Dieu, ils s'autorisèrent en outre à réglementer l'ensemble des domaines de la vie privée et publique. Sans oublier de tirer profit pour eux-mêmes. D'après Nietzsche, le prêtre juif est ainsi un « saint parasite » qui s'est assuré « le plus savoureux morceau de viande »[336]. Il sut convaincre les Hébreux qu'il ne fallait pas lui désobéir, car une telle désobéissance constituerait « un manquement à l'égard de Dieu et une offense vis-à-vis de 'la Loi' ». Pour se faire pardonner son terrible « péché », le peuple finit par accepter de respecter le « premier commandement » désormais en vigueur : « Dieu pardonne à qui fait pénitence », traduisez : *à qui se soumet au prêtre* »[337]. Fustigeant cette évolution, Nietzsche rappelle que « la 'volonté de Dieu' fut révélée à Moïse » et que « tout le malheur résulte de l'éloignement de 'l'Ecriture sainte'... »[338].

[335] *L'Antéchrist* § 26, KSA VI, 196, traduit de l'allemand par Jean-Claude Hémery, *Œuvres philosophiques complètes,* (*Le cas Wagner, Crépuscule des idoles, L'Antéchrist, Ecce homo, Nietzsche contre Wagner*), Paris, nfr, Gallimard vol. VIII, p. 185. Nietzsche critique de plus que « le prêtre dévalue, *désacralise* la nature ». *Ibid.*

[336] *Ibid.* : « Le prêtre est un mangeur de beefsteack ».

[337] *Ibid.*, p. 186.

[338] *Ibid.* Dans le même esprit Nietzsche critique aussi le prêtre chrétien, surtout dans la *Généalogie de la morale,* Troisième dissertation : « Que signifient des idéaux ascétiques ? » Cf. Angelika Schober, « Nietzsche, fasciné par le catholicisme ? » in Stamatios Tzitzis (dir.), *Nietzsche et les hiérarchies,* Paris, L'Harmattan, 2008, p. 139-157. En revanche, il estime beaucoup les prêtres de l'Inde comme nous verrons plus loin.

3. L'Inde, l'Islam et la Chine

L'Inde

La plupart des textes et fragments nietzschéens contiennent des remarques sur l'Inde ; elles figurent notamment dans *Schopenhauer comme éducateur* (1874), *Humain, trop humain* (1878-1880), *Aurore* (1881), *Le Gai Savoir* (1882), *Par-delà le bien et le mal* (1886), *Généalogie de la morale* (1887), *Ecce homo* (1888) et *L'Antéchrist* (1888). Ce grand intérêt ne peut étonner de la part d'un disciple de Schopenhauer, même si son regard diffère beaucoup de celui de son ancien maître[339]. En effet, Nietzsche lui reproche son pessimisme, ainsi que d'avoir voulu refonder la morale à partir de la pitié, redécouverte dans le bouddhisme. De son côté, il cherche autre chose et apprécie une donnée attribuée à « l'Inde entière » (*gesamt-indisch*). Il s'agit de la faculté de dépasser les catégories éthiques, dont le brahmanisme témoigne autant que le bouddhisme. A l'instar de l'hindouiste, le bouddhiste perçoit « le bien et le mal » comme « des chaînes », et il est convaincu que le Bouddha les a « brisées »[340].

Le rapport des Indiens au divin explique aussi pourquoi Nietzsche recommande l'Inde comme un modèle à suivre. A son avis, « l'esprit libre et naïf » des brahmanes engendra un très haut niveau de réflexion, qui était plus élevé « il y a quatre mille ans » que celui de l'Europe au XIXe siècle. Car après avoir compris « que les prêtres sont plus puissants que les dieux », les brahmanes ont eu le courage de congédier les divinités. Bouddha allait

---

[339]Cf. Angelika Schober, « Nietzsche, fasciné par l'Inde ? », in Marc Cluet (dir.), *La fascination de l'Inde en Allemagne 1800 – 1933,* Presses Universitaires de Rennes, 2004, p. 117-128.

[340]*Généalogie de la morale,* Troisième dissertation: « Que signifient les idéaux ascétiques ? » § 17, KSA V, 380.

jusqu'au bout du chemin. En proclamant la pratique de l'auto-délivrance, il renonça, lui aussi, aux dieux. L'ensemble de ces données fait dire à Nietzsche que « l'Europe est encore très éloignée d'un tel niveau culturel »[341].

De plus, il existe une autre particularité de l'Inde qui attire beaucoup Nietzsche. Lorsqu'il découvre à la fin des années 1880 la législation de Manou, il réagit de manière enthousiaste. A son ami Peter Gast il écrit à quel point il apprécie ce « code établi par des prêtres sur la base des textes védiques ». Il le considère comme une matrice universelle, permettant d'interpréter le fonctionnement des différentes cultures. Au fond, les autres grandes législations éthiques seraient seulement des « imitations », ou des « caricatures » de ce code ancestral. Car il montre comment une société peut être organisée à partir d'un système de normes qui sépare la couche dirigeante du reste de la population. Selon Nietzsche, sur les « questions essentielles même Platon paraît instruit par un brahmane – idem pour Confucius et Lao-Tseu[342].

Cependant, il faut reconnaître que la fascination de l'Inde empêche Nietzsche de voir plusieurs données importantes. Au moins deux aspects fondamentaux de la pensée indienne sont en effet incompatibles avec sa propre philosophie. Certes, la législation de Manou confirme la méfiance nietzschéenne à l'égard du principe d'égalité, cette « dynamite chrétienne » laïcisée qu'il accuse d'avoir provoqué des conséquences néfastes en Europe depuis la Révolution de 1789[343]. Mais il faut voir aussi que la Loi de Manou s'accorde très mal avec l'esprit iconoclaste de Nietzsche. En flirtant avec le système des castes rigide, il

[341]*Aurore,* Premier livre § 96, KSA III, 87.
[342]Lettre à Peter Gast du 31 mai 1888, KSA XIV, 420.
[343]Cf. Chapitre I. La France, *2. La France décadente,* p. 24 et p. 31.

oublie que cette législation exige de l'individu une soumission inconditionnelle aux normes établies. Elle laisse donc peu de place à la création de valeurs nouvelles, ce que souhaite pourtant Nietzsche. Elle contredit en particulier sa conviction selon laquelle la noblesse d'un être humain résulte non pas de ses origines, mais des buts qu'il se fixe lui-même. Zarathoustra dit ainsi : « Ô mes frères, ce n'est pas en arrière que votre noblesse doit regarder, mais *au loin !* Vous devez être des bannis de tous les pays de vos pères et de vos ancêtres ! C'est le *pays de vos enfants* que vous devez aimer : que cet amour soit votre nouvelle noblesse »[344]. Le clivage entre Nietzsche et Manou est encore plus frappant lorsqu'il s'agit du métissage : tandis que le législateur indien le prohibe[345], Nietzsche le recommande. Nous l'avons vu dans ses réflexions sur le « bon Européen » de l'avenir.

L'Islam

En parlant de l'Islam, Nietzsche commente à la fois le prophète Mahomet et quelques aspects de la culture musulmane, telle qu'elle s'est manifestée en Andalousie du VIIIe au XVe siècle. Même si Nietzsche regrette que Mahomet se soit inspiré de Saint Paul pour « former des hommes grégaires et instaurer la croyance en l'immortalité »[346], il le compte parmi les « meilleurs exemples de la volonté d'agir » (*Tatendrang*) – à l'instar d'« Alexandre le Grand, César et Napoléon »[347]. Nietzsche l'admire en particulier pour avoir créé un nouveau système cultuel et culturel à partir des habitudes d'un peuple :

[344]*Ainsi parlait Zarathoustra,* Troisième partie, « Des tables anciennes et nouvelles » § 12, KSA IV, 255.

[345]Dans l'hindouisme les personnes issues d'un métissage de castes sont traitées comme « intouchables » et se situent en bas de l'échelle sociale.

[346]*L'Antéchrist,* § 42, KSA VI, 216.

[347]*Aurore*, Livre cinq § 549, KSA III, 320.

« Pour ses Arabes, Mahomet a codifié les grandes et les petites coutumes, et surtout la vie quotidienne de chacun »[348].

L'image positive de l'Islam se doit en bonne partie à sa présence en Espagne. L'Andalousie fait rêver Nietzsche, car il y décèle une culture sophistiquée qui n'avait pas méprisé le corps. Comme elle sut dire « oui à la vie jusque dans les trésors les plus rares et les plus raffinés de la vie mauresque »[349], Nietzsche déplore que le christianisme nous ait « volé la moisson de la culture musulmane ». En effet, « après avoir chassé les Maures », les seigneurs chrétiens ordonnèrent aussitôt « la fermeture des bains publics, dont la ville de Cordoue possédait à elle seule 270 »[350].

Nietzsche cite l'Islam aussi quand il compare les « images suprêmes » de trois espaces religieux, à savoir la Grèce antique, le christianisme et l'Islam. Ces images permettent à ses yeux de comprendre leur « état d'âme », autrement dit elles révèlent ce qui les caractérise au fond. Au sujet du christianisme Nietzsche note que « le Dieu des chrétiens [incarne] – tout ce que les hommes et les femmes pensent en entendant le mot 'amour' ». Quant au « dieu des Grecs », il précise qu'il s'agit d'« une belle figure de rêve », c'est-à-dire d'Apollon[351]. En effet, Dionysos semble oublié ici, bien qu'il joue un rôle central dans la pensée nietzschéenne[352]. En ce qui concerne enfin l'image suprême de l'Islam, elle combine trois composantes : « Le Dieu de Mahomet [correspond à] la solitude du désert,

---

[348]*Aurore*, Livre cinq § 496, KSA III, 291-292.
[349]*L'Antéchrist* § 6, KSA VI, 249.
[350]*L'Antéchrist* § 21, KSA VI, 188.
[351]*Fragments posthumes,* mars 1875, 3 [53], KSA VIII, 28-29.
[352]Cf. Chapitre V. La Méditerranée, *3. Figures-clés : Dionysos et le Christ,* p. 139-141.

[au] rugissement lointain du lion, [à] la vision d'un guerrier redoutable »[353].

L'importance de ces trois éléments – le désert, le lion et le guerrier – se confirme par le fait suivant : huit ans plus tard, ils réapparaissent à nouveau dans *Ainsi parlait Zarathoustra.* Certes, ce texte ne mentionne ni l'Islam ni son prophète, mais le désert, le lion et le guerrier y sont et se trouvent hautement estimés. D'après Zarathoustra, « c'est dans le désert que vivent depuis toujours les esprits libres en tant que seigneurs »[354]. Quant au lion, il surgit au début et à la fin du livre pour illustrer la liberté de l'esprit. A en croire Nietzsche, c'est « dans le désert le plus solitaire » que se fait la deuxième métamorphose de l'esprit – il « devient lion, désireux de conquérir sa liberté et d'« être seigneur dans son propre désert »[355]. A la différence du chameau, la première métamorphose, il refuse de porter les charges que d'autres voudraient lui imposer. Son mot d'ordre est : « Je veux ».

Encore un mot sur la représentation de l'Islam par Nietzsche. A ce sujet, nous observons en effet le même phénomène qui caractérise aussi ses rapports avec l'Inde. Une fois de plus Nietzsche ne semble pas avoir réalisé que plusieurs données importantes de la culture admirée sont

---

[353] *Fragments posthumes*, mars 1875, 3 [53], KSA VII, 28-29.

[354] *Ainsi parlait Zarathoustra,* Deuxième partie, « Des sages célèbres », KSA IV, 133. Sur les implications du désert, voir Chapitre V. La Méditerranée, *3. Figures-clés : Carmen et les filles du désert,* p. 114, p. 121 et p. 138.

[355] *Ainsi parlait Zarathoustra,* Première partie, « Des trois métamorphoses », KSA IV, 30. Notons qu'à la fin du livre le lion est devenu doux : les mains de Zarathoustra « plongèrent dans une épaisse toison chaude ; mais en même temps devant lui un rugissement s'éleva, - un long et doux rugissement de lion ». *Ainsi parlait Zarathoustra,* Quatrième partie, « Le signe » ; Goldschmidt, p. 464.

difficiles à concilier avec sa propre philosophie. Ainsi l'éloge nietzschéen d'une volonté de puissance autonome qui n'admet pas l'existence d'une volonté divine au-dessus d'elle, s'accorde mal avec l'Islam. L'acceptation du destin en tant qu'*amor fati* enseigné par Zarathoustra diffère en effet de la soumission à la volonté de Dieu, recommandée aux musulmans. Le poète et philosophe Mohamed Iqbâl, l'un des pères spirituels du Pakistan, l'a bien vu. Tout en constatant quelques parallèles entre Zarathoustra et l'*Insan-i-kamil*, l'homme universel en Islam, il rappelle aussi la différence principale : Nietzsche refuse de se soumettre à la volonté divine. En 1932, dans son *Djâvid-Nâma* (*Le livre de l'éternité*), Iqbal fait ainsi dire à Dschelâl-Eddîn Rûmî – le mystique de l'Islam cité par Goethe dans ses *Notes sur le Divan occidental-oriental* – que de façon inconsciente Nietzsche cherchait un maître spirituel, sans le trouver en Occident[356]. On peut ajouter que Nietzsche ne voulait accepter ni Dieu ni maître, que ce soit en Occident ou en Orient.

La Chine

Les commentaires nietzschéens sur la Chine paraissent d'abord très critiques. Car l'Empire du milieu apparaît avant tout comme un espace d'immobilisme, caractérisé par des structures politiques figées et un tissu social rigide. Nietzsche fait donc un constat qui anticipe pour l'essentiel ce qu'écrit aussi Max Weber. A la fin de son livre *L'Ethique protestante et l'esprit du capitalisme* il parle d'une « pétrification chinoise »[357].

---

[356]Cité d'après Claudio Mutti, *Nietzsche et l'Islam*, traduit de l'italien par Philippe Baillet, préface de Christophe Levelois, Chalon-sur-Saône, Editions Hérode, 1994, p. 32 sq.

[357]Max Weber, *Die protestantische Ethik und der ‚Geist' des Kapitalismus,* édité par Klaus Lichtblau et Johannes Weiβ, seconde édition, Beltz, Athenäum, 1996, p. 154.

Un tel immobilisme va évidemment à l'encontre de l'enseignement de Zarathoustra qui se comprend comme « le vent du dégel », capable de détruire les structures et valeurs anciennes. Car pour lui, l'idée qu' « *au-dessus* du fleuve, tout est solide [...] les ponts, les concepts, tout le bien et le mal » est une « véritable doctrine de l'hiver ». C'est « quelque chose pour un temps stérile, une bonne consolation pour les hibernants et ceux qui cherchent refuge auprès du poêle ». Contre cette attitude « prêche le vent du dégel », c'est-à-dire Zarathoustra lui-même, et il agit comme « un taureau en courroux, un destructeur, qui brise la glace avec ses cornes coléreuses ! »[358].

La même volonté de briser les structures figées apparaît dans *Le Gai Savoir* et caractérise les « bons Européens », ces « enfants de l'avenir » qui refusent de croire aux valeurs immuables. Selon Nietzsche, « la couche de glace » qui porte encore les valeurs anciennes « s'est déjà beaucoup amincie ». Car le vent du dégel souffle, et « nous autres sans-patrie sommes nous-mêmes quelque chose qui brise la glace et autres réalités trop minces... »[359]. Le même livre indique que « le style chinois » consolide les structures établies, et Nietzsche cite la Chine comme « exemple d'un pays, où la capacité de se transformer s'est éteinte depuis des siècles ». Il s'agit d'un pays « incapable de formuler une critique au sujet des affaires importantes »[360]. Le *Crépuscule des idoles* précise que la mentalité chinoise « ne désire ni révolution ni innovation »[361], de sorte que pour Nietzsche

---

[358] *Ainsi parlait Zarathoustra,* Troisième partie, « Des tables anciennes et nouvelles » § 8, KSA IV, 252.

[359] *Le Gai Savoir,* Cinquième livre § 377, traduit de l'allemand par Pierre Klossowski, Paris, Union générale d'éditions, 10/18, 1985, p. 402.

[360] *Le Gai Savoir,* Premier livre § 24, KSA III, 399.

[361] *Crépuscule des idoles,* « Divagations d'un intempestif » § 40, KSA VI, 142.

le mode de vie chinois convient à un type d'homme qu'il n'aime guère. Il parle en effet de « fourmis travailleuses »[362].

Cependant, selon son habitude de considérer une chose à partir de différentes perspectives, Nietzsche découvre aussi des aspects positifs dans ce que sont, à son avis, les traits de la mentalité chinoise. Appréciant en particulier l'endurance et l'autosuffisance, il pense même que l'immobilisme chinois pourrait être un précieux atout pour l'Occident. Il serait en mesure de constituer un antidote à la hâte caractérisant l'Europe du XIXe siècle, cette frénésie qui s'exprime aussi, comme nous l'avons vu plus haut, dans le journalisme. D'après Nietzsche, il serait en effet souhaitable que les Chinois « insufflent un peu de calme, de contemplation asiatique et de *pérennité* à cette Europe remuante qui se déchire »[363].

En ce qui concerne le monde du travail, il esquisse le scénario suivant : afin d'échapper à l'exploitation et à leurs mauvaises conditions de vie, les ouvriers européens pourraient se décider à quitter l'Europe pour s'installer ailleurs[364]. Afin de les remplacer, les industriels se verront contraints à faire appel à des Chinois, dans l'espoir de disposer ainsi d'une main-d'œuvre facile à manier. La venue de Chinois en Europe pourrait avoir ainsi une conséquence positive : leur caractère « calme » permettrait de ralentir le rythme frénétique de la vie moderne[365]. Cependant, un autre constat s'impose aujourd'hui. Non seulement la Chine n'a pas exporté son calme à l'Europe, mais elle a importé le style de vie et de production européen. Mais peut-être Nietzsche n'a-t-il pas tort entièrement. Car l'un des plus célèbres artistes chinois du

---

[362] *Aurore,* Troisième livre § 206, KSA III, 185
[363] *Ibid.*
[364] Nietzsche n'indique pas d'éventuels pays d'accueil.
[365] *Aurore,* Troisième livre § 206, KSA III, 185.

début du XXIe siècle, le dissident Ai Wei Wei, se trouve à la tête d'un courant artistique, philosophique et politique qui gagne du terrain dans le monde entier. Ce mouvement en faveur d'une « décélération » s'oppose en effet, depuis les années quatre-vingt-dix du XXe siècle, au « toujours plus, toujours plus vite » du monde postmoderne[366].

Les remarques sur la Chine confirment que Nietzsche aime comparer les cultures en effectuant un va-et-vient entre l'ici et l'ailleurs. Ainsi observe-t-il l'affinité suivante entre l'Europe et la Chine au niveau religieux. Dans un premier temps, l'aphorisme « La vie religieuse » d'*Humain, trop humain* relate qu' « en Chine les gens simples » n'hésitent pas à maltraiter la statue d'une divinité qui ne donne pas satisfaction. Ils « l'entourent de cordes, la font tomber par terre et la traînent dans la boue à travers les rues ». Par la suite, Nietzsche rappelle que des pratiques analogues existaient aussi en Europe, il n'y a pas si longtemps encore. « Jusqu'au XIXe siècle de semblables actions violentes furent perpétrées dans les pays catholiques », note-t-il. Elles se dirigeaient contre les « images de saints ou de la mère de Dieu », au cas où elles s'avérèrent « inefficaces contre la peste, ou lorsque la pluie tardait à venir »[367].

*

Nous avons vu que le regard de Nietzsche posé sur les cultes et cultures situés au-delà des frontières européennes fait apparaître à la fois des données qu'il apprécie et

---

[366]La sympathie de Nietzsche pour le calme se manifeste aussi dans d'autres contextes : *Par-delà le bien et le mal* décrit le *lento* comme l'allure aristocratique par excellence.

[367]*Humain, trop humain,* Première partie, troisième chapitre « La vie religieuse » § 111, KSA II, 115.

d'autres qu'il désapprouve. Nous voyons également que par moment il ne tient pas compte du fait que certaines choses qu'il approuve ailleurs ne riment guère avec sa propre pensée. Nous constatons en outre que dans chacun des trois espaces commentés – l'Inde, l'Islam et la Chine – Nietzsche découvre quelques aspects dont l'Europe devrait s'inspirer pour dépasser la décadence et le nihilisme du monde moderne. Nous pouvons ajouter que l'intérêt nietzschéen pour les espaces extra-européens fut récompensé par un accueil souvent chaleureux au-delà de l'Europe. Pour ne citer que l'exemple de l'écrivain franco-marocain, Tahar Ben Jelloun voit en Nietzsche une source d'inspiration constante et considère *Le Gai Savoir* comme un « ami » qu'il fréquente depuis longtemps[368].

---

[368]Tahar Ben Jelloun, *Le Monde des livres* du 12 août 1983.
Les œuvres de Nietzsche furent traduites en 43 langues, dont l'arabe et le chinois. *Weimarer Nietzsche-Bibliographie (WNB)* vol.1 Primärliteratur 1867-1998 édité par Michael Knoche et Reinhart Tgahrt, Stiftung Weimarer Klassik Herzogin Anna Amalia Bibliothek, Stuttgart/Weimar, Verlag J.B. Metzler, 2000.

V. La Méditerranée

Le bassin méditerranéen qui a vu naître tant de cultes et de cultures[369] est la géosphère la plus appréciée par Nietzsche. Après l'avoir découverte en 1876, lors d'un premier voyage en Italie qui l'a mené jusqu'à Sorrente[370], il retourna régulièrement sur ses rives. Entre 1880 et 1889 il passa tous les ans quelques mois en Italie, séjourna à Venise, Gène, Rapallo, Rome, Sorrente, ou même à Nice en France. Son effondrement physique et psychique eut lieu non loin de la Méditerranée, à Turin, le 4 janvier 1889. On peut dire du reste que l'amour de la Méditerranée rapproche Nietzsche à nouveau de Goethe qui partit, lui aussi, en Italie pour trouver soleil et inspirations.

Les multiples aspirations de Nietzsche se rencontrent dans ce site à la fois naturel et culturel, historique, mythologique et imaginaire. Les contours de ses trois « concepts-images » – le Surhomme, la Volonté de puissance et l'Eternel retour du même – s'y profilent[371]. Nous constatons aussi que Nietzsche apprécie la Méditerranée comme un espace multiculturel, européen **et** supra-européen à la fois. Mais il l'aime également à cause de sa nature. Par moment, ses textes évoquent une végétation luxuriante, ainsi que le roulement des vagues.

---

[369]Cf. Bertrand Westphal (dir.), *Le rivage des mythes. Une géocritique méditerranéenne,* Limoges, Pulim, 2001.

[370]A cette occasion, Nietzsche découvrit aussi Gène, Pise, Livourne, Naples, Capri et la Sicile. Paolo D'Iorio reconstruit le séjour à Sorrente qui a transformé sa pensée : *Le voyage de Nietzsche à Sorrente. Genèse de la philosophie de l'esprit libre,* Paris, CNRS éditions, 2012.

[371]A juste titre Franz Rosenzweig les appelle des *Gedankenbilder* à cause de l'impact de l'image sur le concept. *Der Stern der Erlösung,* p. 10.

Afin de comprendre les différentes facettes de la Méditerranée chez Nietzsche, nous commentons d'abord la phrase énigmatique selon laquelle « il faut méditerraniser la musique ». Ensuite nous expliquerons comment le vécu nietzschéen se reflète dans les commentaires sur les espaces naturels et culturels. Nous terminerons l'analyse par l'interprétation des figures-clés qui peuplent la Méditerranée de Nietzsche.

1. « Il faut méditerraniser la musique »

Une bonne partie de ce que Nietzsche recherche en Méditerranée est contenue dans l'affirmation qu' « il faut méditerraniser la musique ». Elle apparaît une première fois dans *Par-delà le bien et le mal*[372], quand il constate qu' « envers la musique allemande, la prudence s'impose » à toute personne « qui aime le Midi, tel que je l'aime ». La Méditerranée est ainsi perçue comme une « grande école de guérison au sens le plus spirituel et le plus sensuel du mot » ; elle se caractérise par « une profusion de soleil ». En conséquence de quoi, Nietzsche affirme qu' « un homme méridional, non par ses origines mais par sa *foi* », sera obligé de rêver « d'une délivrance de la musique du Nord », telle que Wagner l'a composée. A sa place il devra rechercher une musique qui va « au-delà de l'Europe ». Pour la décrire, Nietzsche évoque la nature méridionale de la Méditerranée : « les couchers de soleil bruns du désert » lui correspondent, et son « âme est la sœur du palmier ». Cette musique supra-européenne s'adresse à tous ceux qui se sentent à l'aise parmi les

[372]Il s'agit probablement d'une citation dont la source n'est pas indiquée.

« grands fauves, superbes et solitaires » – d'autant plus qu'elle « ne veut rien savoir du bien et du mal »[373].

La phrase « Il faut méditerraniser la musique » apparaît de nouveau dans *Le cas Wagner*. Nietzsche y ajoute qu'il a « de bonnes raisons pour utiliser cette formule (*Jenseits* 220) », et il donne quelques précisions relatives à ce qu'il considère comme des valeurs méridionales. Il s'agit notamment d'un « retour à la nature », ainsi que de « la santé, la gaieté, la jeunesse, la vertu ». Certes, ces valeurs sont attribuées avant tout à la musique – elles résument en effet les qualités que Nietzsche découvre dans l'opéra *Carmen*[374] de Bizet. Mais on peut entendre la phrase aussi dans un sens plus large, et l'appliquer à la vie en général. Car dès *La Naissance de la tragédie*, Nietzsche souligne les liens étroits entre la musique et la vie en affirmant qu'elle exprime le fond dionysiaque de l'existence[375].

Les cinq valeurs évoquées dans l'appel à méditerraniser la musique – le retour à la nature, la santé, la gaieté, la jeunesse et la vertu[376] – peuvent être interprétées de la manière suivante : Nietzsche comprend le retour à la nature non pas au sens de Rousseau, mais est plus proche de Diderot et des matérialistes français. Il n'oppose pas une nature innocente et bienveillante à une culture dépravée. Sa conception de la nature est autre, plus violente, elle se situe par-delà le bien et le mal. Il faut l'imaginer comme « un être gaspilleur, sans mesure, indifférent, sans intentions et sans égards, sans pitié et sans justice ». Somme toute, il s'agit d'une entité « à la fois fertile et déserte, et incertaine »[377]. Nous pouvons

---

[373]*Par-delà le bien et le mal,* Huitième partie, « Peuples et patries » § 255, KSA V, 200-201.

[374]*Le cas Wagner* § 3, KSA VI, 16.

[375]*La Naissance de la tragédie,* Essai d'autocritique, KSA I, 14-17.

[376]*Le cas Wagner,* KSA VI, 16.

[377]*Par-delà le bien et le mal*, Première partie, « Des préjugés des philosophes », KSA V, 21-22.

dire aussi que le retour à la nature signifie pour Nietzsche une conversion vers une vie plus intense. Le meilleur exemple est l'amour dans *Carmen* : il est « cynique, cruel, innocent, et en cela nature »[378].

La deuxième valeur, la santé, représente d'abord une opposition à la musique de Wagner, dont Nietzsche désapprouve le fond pathologique, comme nous l'avons vu plus haut[379]. Mais elle exprime aussi son espoir personnel de guérir de ses maux. Le climat doux de la Méditerranée lui fait en effet beaucoup de bien. En mars 1888 Nietzsche écrit à sa mère : « Ici [à Nice] je peux me servir nettement mieux de mes yeux que partout ailleurs. Sous ce ciel, ma tête devient plus libre chaque année. Les conséquences lugubres de mon état maladif, qui perdurent depuis des années dans l'attente de la mort, se manifestent moins fortement ici. Même ma digestion s'améliore. » Nietzsche souligne en outre que son « esprit s'est davantage éveillé et porte mieux son fardeau » – c'est-à-dire le « fardeau d'un homme sans vie, auquel un philosophe est sans doute condamné ». A Nice et dans ses alentours il « se promène beaucoup », « chaque jour une heure le matin et trois heures l'après-midi » ; il suit toujours le même chemin. Le soir, installé dans le salon de son hôtel, il « reste assis jusqu'à neuf heures à sa table qui dispose d'une lampe à abat-jour », et il se trouve « entouré d'Anglais et d'Anglaises »[380].

En ce qui concerne le troisième volet de l'appel à méditerraniser la musique », la « gaieté », elle s'oppose surtout à la tristesse que Nietzsche n'a que trop bien connue. Fin 1885 il écrit à Emily Fynn : « Les trois quart de la journée je suis assez triste », les heures restant « je

---

[378]*Le cas Wagner* § 2, KSA VI, 15.

[379]Cf. Chapitre I. La France, *2. La France décadente,* p. 34.

[380]Lettre à sa mère du 20 mars 1888 ; Curt Paul Janz, p. 561.

travaille joyeusement ou je suis profondément triste »[381]. En recherchant la gaieté, il rêve aussi d'un au-delà de l'Europe, d'autant plus qu'il est convaincu que « la sérénité de *Carmen* – qu'il a vu plus de dix fois à l'Opéra de Nice – n'est ni allemande, ni française mais africaine »[382]. Nietzsche apprécie en effet le « courage » de Bizet d'avoir exprimé une « sensibilité qui n'avait pas encore trouvé sa voix dans la musique cultivée de l'Europe ». Etant donné que cette sensibilité reflète « un Sud brûlé davantage », nous pouvons ajouter que, d'après Nietzsche, Bizet fait preuve de cette performance transculturelle qu'il estime aussi chez Beethoven, Goethe, Heine, Chamfort et Stendhal. Quant à « la jeunesse », intégrée dans la même phrase, elle reflète le désir nietzschéen de rajeunir, car il se considère comme « un vieil ours et philosophe »[383]. En ce qui concerne les implications de la cinquième valeur, la « vertu », Nietzsche songe évidemment à une revalorisation de la *virtus* antique. Ainsi on peut dire que l'appel à « méditerraniser la musique » combine le vécu personnel avec des réflexions d'ordre général. Dans son ensemble il constitue une invitation à dépasser la décadence de l'Europe.

2. Reflets de la mer

Les rives de la Méditerranée jouent un rôle primordial dans la vie de Nietzsche, et ses textes le reflètent. On y trouve des sites naturels, mais aussi des lieux citadins. Nous observons en particulier un lien étroit avec le vécu

[381] L'expression « profondément triste » est en français dans la lettre à Emily Fynn, fin 1885. KSA XV, 155.
[382] *Le cas Wagner* § 2, KSA 15-16.
[383] Lettre à Emily Fynn, KSA XV, 155.

chez un sentier rocheux, près de Nice. Reliant la station balnéaire Eze Plage au vieux village d'Eze sur les hauteurs, il porte aujourd'hui le nom « Chemin Frédéric Nietzsche ». En lisant *Ainsi parlait Zarathoustra,* on découvre, en effet, ce que Nietzsche a vu à partir de ce chemin[384] : lorsqu'il évoque les « îles bienheureuses »[385], il s'inspire des Iles de Lérins dans la baie de Cannes non loin de là, et la phrase « la mer et la vie me regardaient avec une beauté vicieuse »[386], exprime ce qu'il a profondément ressenti. De plus nous trouvons des liens avec le vécu aussi au niveau conceptuel. Pour Nietzsche, la mer représente non seulement l'infini et le nouveau[387], elle est aussi la meilleure illustration de l'Eternel retour : « Si j'aime la mer et tout ce qui ressemble à la mer, [...] si j'ai en moi ce désir de mettre le cap sur ce qui n'a pas encore été découvert, si mon désir est celui du vieux matelot [...], comment je ne désirerais pas l'éternité, l'anneau des anneaux nuptial, – l'anneau du Retour ? »[388].

Comme le montre le poème « Dans le Midi », Nietzsche apprécie la Méditerranée en tant qu'espace marin, mais il aime également sa végétation et sa faune, sans oublier ses villes, villages et ports :

---

[384]Quand Nietzsche appelle Eze un « merveilleux nid d'aigle mauresque » (*Ecce homo,* « Ainsi parlait Zarathoustra », KSA, VI, 341), il confirme sa sympathie pour la culture musulmane.

[385]Titre d'un chapitre de la deuxième partie d'*Ainsi parlait Zarathoustra.*

[386]*Ainsi parlait Zarathoustra,* Troisième partie, « De la félicité malgré soi », KSA IV, 206.

[387]Cf. Chapitre I. La France, *3. Nietzsche et Baudelaire*, p. 36, p. 41-42.

[388]*Ainsi parlait Zarathoustra,* Troisième partie, « Les sept sceaux ou : le chant de oui et d'amen » § 5, KSA IV, 290.

La mer blanche s'étend, endormie
Et une voile pourpre s'en dégage –
Rochers, figuiers, tour et port.
Des idylles autour, le bêlement des moutons, –
Innocence du Midi, accueille-moi![389]

Dans ce paysage, Nietzsche se sent à l'aise, loin de l'Allemagne avec son « esprit de lourdeur » qu'il considère comme le « pire ennemi » de Zarathoustra[390]. « Mettre un pas après l'autre, cela rend allemand, cela rend lourd », constate-t-il, en demandant au vent de l'« élever dans l'air », afin de pouvoir « planer avec les oiseaux », et traverser la mer direction Sud. La fin du poème dévoile le courage que donne la Méditerranée à Nietzsche en l'invitant à oser « une vie nouvelle et un jeu nouveau »[391]. Le poème montre aussi que nous avons à faire à une perception polysensorielle de l'espace : non seulement la vue, mais également l'oreille, voire le corps tout entier y participent. Nietzsche « court » à la rencontre du mistral, il l'entend « siffler » et « chanter »[392].

Les enjeux du paysage méditerranéen ressortent aussi d'une lettre écrite à Peter Gast le 2 octobre 1886. En contemplant la végétation de Ruta-Liguré près de Rapallo, Nietzsche pense aux îles grecques qu'il n'a jamais vues de

---

[389]« Dans le Midi », Annexes à *Le Gai Savoir,* Chants du prince libre comme l'oiseau, KSA III, 641.
[390]*Ainsi parlait Zarathoustra,* Troisième partie, « De l'esprit de lourdeur », KSA IV, 241-245.
[391]*Ibid.*
[392]*Ibid.* Une belle description de l'arrivée du mistral dans la ville d'Arles se trouve dans *Chaque jour, la fin de monde, pendant un quart d'heure* de Jean-Luc Evard, Le Presbytère à Claunay, Editions Faustroll, 2016, p. 142-144. Grand lecteur de Nietzsche, l'auteur le mentionne dans différents contextes, par exemple dans ses notes du 16 septembre 2011 qui relient l'art antique au Christ flagellé. p. 116.

ses propres yeux, mais connaissait seulement par des textes littéraires et documents iconographiques[393]. Le paysage italien le fait même rêver de l'au-delà de l'Europe, en l'occurrence de l'Amérique Latine : « Imaginez une île de l'Archipelagos grec sur laquelle furent jetés pêle-mêle la forêt et la montagne », écrit-il à son ami en précisant qu'il eut l'impression d'être « loin de l'Europe ». Une partie de la « forêt de pins tropicale » le fait en effet penser à « quelque chose de brésilien ». Cette nature convient parfaitement à Nietzsche, d'autant plus qu'il s'y trouve « dans une vraie insularité à la Robinson », où il peut allumer de grands feux et observer « la flamme pure et tremblante qui s'élance dans un ciel sans nuages », dégageant une « fumée d'un gris blanchâtre ». Au milieu de la bruyère, il ressent une « félicité d'octobre », grâce aux « mille tons de la couleur jaune ». La fin de la lettre confirme la sérénité due au site méditerranéen : « Ô cher ami, ce bonheur d'un été indien vous ferait également du bien »[394].

L'affinité avec la ville de Nice, où Nietzsche séjourna pendant les mois d'hiver 1883 à 1887, est moins grande que celle avec le paysage qui l'entoure. Certes, Nice a pour lui « quelque chose d'enivrant, une élégance sereine et mondaine ». De plus, il aime la présence « de la nature luxuriante » dans « l'ambiance libérale de la grande ville ». A vrai dire, la végétation niçoise évoque pour lui un « certain exotisme et africanisme »[395]. Au « Brésil » entrevu à Ruta-Liguré en Italie fait donc écho, à Nice,

---

[393]Ce paysage évoque non seulement « quelque chose de grec », mais « aussi autre chose » : il « fait penser aux pirates, à quelque chose d'abrupt, de caché, de dangereux ». *Ibid.*

[394]Voir aussi Curt Paul Janz, *Friedrich Nietzsche, op. cit,* vol. 2, p. 490.

[395]Lettre à Heinrich Köselitz (Peter Gast) du 25 octobre 1887, citée par Curt Paul Janz, *op. cit.*, p. 557.

l' « Afrique », et les deux confirment l'envie de Nietzsche d'aller au-delà de l'Europe.

Mais en même temps il se sent relié à l'histoire européenne – grâce à Napoléon. En avril 1884, lors d'une promenade sur la jetée de Nice, Nietzsche montra à Resa von Schirnhuber l'endroit d'où l'on voit parfois la Corse. A cette occasion il lui confia son projet de traverser l'Ile de beauté à pied. Il songeait à aller de Bastia à Ajaccio[396], la ville natale de Bonaparte, qui était à en croire Resa von Schirnhuber « la seule personnalité historique qui le fascinait »[397]. Si nous avons vu que Nietzsche admirait aussi d'autres personnalités historiques (Alexandre le Grand, César Borgia, Mahomet etc.), Napoléon est en effet le Français le plus cité[398].

Au sujet de Nice, il faut encore ajouter qu'à certains moments Nietzsche la trouve très désagréable, de sorte qu'il écrit : « A vrai dire je ressens la ville de Nice comme horrible. Je me comporte de manière défensive envers elle et fais semblant qu'elle n'existe pas : ce qui compte pour moi, ce sont le ciel et l'air de Nice »[399]. A quoi s'ajoute encore le soleil !

A quel point le soleil enchante Nietzsche ressort de plusieurs chapitres d'*Ainsi parlait Zarathoustra,* dont « Parmi les filles du désert » et « Le signe ». Dans « Avant le lever du soleil » on peut lire : « Ô ciel au-dessus de moi, toi le pur ! le profond ! toi abîme de lumière. En te contemplant je frémis d'appétits divins » [...], « le soleil nous est commun ». Nietzsche apprécie en particulier que

[396]*Ibid.* Ce projet fut aussi peu réalisé que celui de séjourner à Paris. Voir Thierry Ottaviani, *Nietzsche et la Corse,* Paris, Editions Maïa, 2018.
[397]Curt Paul Janz, *op. cit.,* p. 274.
[398]133 mentions dans l'index de Salaquarda, KSA XV, 330-331.
[399]Lettre à Franz Overbeck du 22 décembre 1884, KSA XV, 143.

« le soleil, quand il descend [...] déverse l'or à profusion dans la mer ». Car « le pêcheur le plus pauvre » peut ainsi « ramer avec une rame d'*or* »[400]. Zarathoustra va jusqu'à s'identifier au soleil, il dit en effet : « Nous avons appris à nous surpasser pour aller vers nous-mêmes et à sourire sans nuages »[401].

L'importance du soleil apparaît aussi dans d'autres contextes, les remarques sur la peinture de Delacroix par exemple. Nietzsche déplore que ses tableaux soient « sans soleil », qu'ils contiennent « des couleurs de fond tragiques » et évoquent « des vapeurs infernales comme chez Dante »[402]. Si Delacroix est trop sombre pour Nietzsche, il apprécie Claude Lorrain à cause de la luminosité de sa peinture. Un paysage très lumineux le fait penser à ses toiles : après avoir terminé *Le crépuscule des idoles*, Nietzsche sort de la maison et découvre que la Haute Engadine lui offre « la plus belle journée qu'il n'ait jamais vue ». Plus encore : « Jamais je ne n'avais vécu pareil automne, ni cru que chose semblable fût possible sur terre – un Claude Lorrain prolongé à l'infini, chaque jour de la même irrépressible perfection »[403].

Si Nietzsche apprécie Nice à cause de son soleil, sa végétation luxuriante et son élégance mondaine, les villes italiennes évoquent pour lui le plus souvent la musique.

---

[400]*Ainsi parlait Zarathoustra,* Troisième partie, « Des tables anciennes et nouvelles » § 3, KSA IV, 249 ; Goldschmidt, p. 281.

[401]*Ainsi parlait Zarathoustra,* Troisième partie, « Avant le lever du soleil », KSA IV, 207 ; Goldschmidt, p. 228-229. A la fin du livre Zarathoustra se compare au soleil levant.

[402]*Fragments posthumes*, avril-juin 1885, 34 [166], KSA XI, 476 ; copie d'un extrait de Manette Salomon I, p.197 ; KSA XI, 51 ; 25 [142].

[403]*Ecce homo,* « Crépuscule des idoles » § 3, KSA VI ; Hémery, *Œuvres philosophiques complètes,* VIII, 325.

Au sujet de Rome on apprend ceci : « Sur une *loggia* dominant ladite *piazza* [Barberini]), d'où l'on voit toute la ville de Rome et entend la *fontana* », il « composa le chant le plus solitaire qui fût jamais écrit, le 'Chant nocturne' ». Nietzsche précise qu' « une mélodie d'une indicible mélancolie le poursuivit à cette époque » dont le refrain se résume en ces mots : « Mort d'immortalité »[404]. Quant à Venise, où Nietzsche séjourna au printemps des années 1884, 1886 et 1887, elle est pour lui l'incarnation de la musique – moins à cause de Wagner qui y mourut en 1883, que grâce à son « *maestro* vénitien Pietro Gasti » (Heinrich Köselitz). Les compositions de son ami lui révèlent en effet ce qu'il attend « au fond de la musique : qu'elle soit sereine et profonde, comme un après-midi d'octobre »[405]. Nietzsche dit de plus : « Si je cherche un autre mot pour musique, je trouve toujours le mot Venise ». Il avoue en outre ne pas savoir « distinguer entre les larmes et la musique ». Cela lui est d'autant plus difficile qu'il compare son « âme [à] un jeu de luth »[406] :

Récemment, près d'un pont,
dans la nuit brune j'attendais
Au loin, un chant,
gouttes d'or parlant
sur le miroir tremblant, emportées.
Gondoles, lumières et musique –
ivres partaient se perdre dans le crépuscule*…
Mon âme, un luth,
pincé d'une invisible main,
se chanta pour l'accompagner tout-bas,

---

[404]*Ecce homo,* « Ainsi parlait Zarathoustra », KSA VI, 341 ; Hémery, *Friedrich Nietzsche. Œuvres philosophiques complètes op. cit.,* VIII, 311.
[405]*Ecce homo,* « Pourquoi je suis si avisé » § 7, KSA VI, 290.
[406]*Ecce homo,* « Pourquoi je suis si avisé » § 7, KSA VI, 291.

un chant de gondolier,
tremblant de troublé félicité.
– quelqu'un l'écoutait-il ?...[407].

Identifier Venise à la musique n'empêche pas Nietzsche d'être sensible aux couleurs du lieu. Une fois de plus, comme à Nice, c'est l'azur du ciel qui retient son attention, mais à Venise il est fasciné aussi par les façades colorées du palais des doges. Etant donné que l'ensemble de la place San Marco – avec ses pigeons, la basilique et le *palazzo* – satisfait ses goûts esthétique et correspond parfaitement à sa personnalité ce site lui procure une grande félicité :

Les pigeons de Saint-Marc, je les revois :
Silencieuse est la place, le matin s'y repose.
Dans la douce fraîcheur, paresseusement, je lance mes chants
Tels de vols de pigeons vers l'azur –
Et les rappelle,
Pour accrocher un rime encore à leurs plumes
– Mon bonheur ! Mon bonheur !

Silencieux toit du ciel, clair azur, soyeux,
Comme tu planes, protecteur, sur l'édifice chamarré,
Que je – que dis-je – j'aime, je crains, j'*envie*...
En vérité, je boirais son âme toute entière !
La lui rendrai-je jamais? –
Non, plus un mot, pâture prodigieuse de l'œil !
Mon bonheur ! Mon bonheur[408].

---

[407] *Ibid.* Héméry, *Œuvres philosophiques complètes, op. cit.,* VIII, 269-270. *Nous préférons rendre *Dämmerung* par « crépuscule », au lieu de dire « nuit ».

[408] « Mon bonheur ! », Chants du Prince libre comme l'oiseau, annexes à *Le Gai Savoir*, KSA III, 648 ; Wotling, p. 421.

Les remarques sur Turin confirment par ailleurs la sensibilité de Nietzsche pour les couleurs d'un endroit. Il apprécie la ville italienne parce qu'elle sut préserver son « calme aristocratique », qui s'exprime notamment dans « l'unité du goût » et se manifeste dans l'harmonie des couleurs : « la ville entière est jaune ou rousse »[409].

Cependant, si Nietzsche admirait les rives italiennes et françaises de la Méditerranée, s'il sut les percevoir de manière polysensorielle – grâce à l'œil autant que par l'ouïe, et même à l'aide de l'odorat[410] –, il n'a jamais traversé la mer. A la différence d'un Delacroix, Baudelaire, Maupassant, Flaubert ou Klee, il n'a pas séjourné sur ses rives méridionales, n'a pas fait de voyage en Orient. Certes, début mars 1881, après avoir terminé *Aurore,* Nietzsche proposa par l'intermédiaire de Peter Gast à Gersdorff un voyage à Tunis[411]. Mais ses réticences, ainsi que la guerre franco-tunisienne empêchèrent la réalisation du projet[412]. Dans son esprit Nietzsche continuait néanmoins à rêver des « Suds de plus en plus chauds », et il évoque une Afrique imaginaire qui n'est pas celle des forêts tropicales et des savanes, mais celle du désert – autrement dit l'espace qui se trouve sur les rives méridionales de la Méditerranée.

---

[409]Lettre à Peter Gast du 7 avril 1888, « Chronik zu Nietzsches Leben vom 19. April 1869 bis 9. Januar 1889 », KSA XV, 173.
[410]Un poème non publié porte ainsi le titre « Ne reste-t-il rien du parfum de Sorrente ? », *Fragments posthumes,* printemps-été 1877, 22[61], KSA VIII, 389.
[411]Lettre à Peter Gast du 13 mars 1881, cité d'après la « Chronologie » de Jean Lacoste dans *Friedrich Nietzsche. Œuvres,* éditées par Jacques Le Rider, Paris, Robert Laffont, Bouquins, 1993, p. CXLVIII.
[412]*Ibid.*

3. Figures-clés

La plus célèbre figure de Nietzsche est évidemment Zarathoustra, ce « sage venu d'Orient », qui est un Méditerranéen par excellence en ce qui concerne son aptitude à aller au-delà des frontières. Mais d'autres figures et personnages apparaissent également et constituent en partie ses variantes. Il s'agit de Christophe Colomb, « le génie de Genève », du « Prince libre comme l'oiseau » qui évoque la Provence médiévale, de César Borgia, le prince de la Renaissance italienne, de l'Empereur Napoléon originaire de la Corse. S'y ajoutent Carmen, l'héroïne de l'opéra de Bizet, et les « filles du désert » qui peuplent un espace hybride que l'on peut appeler le « Grand Sud ». Dionysos et le Christ sont également présents et détiennent un rang important.

Zarathoustra

Par moment, Nietzsche décrit Zarathoustra comme son fils. Selon Jean Pierre Faye, il est le fruit du « mariage (manqué) de Lou et de Nietzsche »[413], Sarah Kofman le comprend comme l'« enfant du péché » et l' « enfant de l'amour »[414]. Ce personnage a suscité beaucoup de commentaires dont certains sont très critiques. Ainsi Thomas Mann parle d'un « monstre » (*Unhold*). A son avis, « cet homme avec ses ailes », « ses jambes de danseur, mais sans visage et sans forme [...] n'est pas une création ». Il serait seulement « de la rhétorique, un jeu de mots excité, une voix torturée, ainsi qu'une prophétie

[413]Jean Pierre Faye, *Le vrai Nietzsche. Guerre à la guerre, op. cit.*, p. 20.

[414]Sarah Kofman, *Explosion II, Les enfants de Nietzsche*, Paris, Galilée, 1993, p.13.

douteuse », voire « un schéma de grandeur maladroite » – une « non-figure (*Unfigur*) », proche du ridicule »[415].

On peut néanmoins relever plusieurs traits qui le caractérisent. Quand Nietzsche lui fait dire qu'il n'est pas le Surhomme, mais celui qui le précède et enseigne[416], il ressemble à Jean Baptiste qui annonçait le Christ. Comme il raille par moment le Christ, il fait penser aussi à l'Antéchrist. De plus, Zarathoustra se définit à l'aide de son corps : « Je suis corps entièrement et rien de plus, et 'âme' n'est qu'un mot pour designer quelque chose qui fait partie du corps »[417]. Précisons qu'il s'agit d'un corps fait pour la danse : « Ne marche-t-il pas comme un danseur ? », demande l'ermite en le voyant[418]. Nous apprenons également que « Zarathoustra le danseur, le léger qui fait signe des ailes » est « prêt à s'envoler ». Saluant « tous les oiseaux », il est « un homme bienheureux et insouciant »[419]. S'opposant à « l'esprit de lourdeur », son ennemi juré[420], il demande à ses disciples de devenir de bons danseurs, eux aussi : « Elevez vos cœurs, mes frères, haut, plus haut encore ! Et n'oubliez pas les jambes non plus ! Elevez aussi vos jambes, vous

---

[415]Thomas Mann, *Nietzsches Philosophie im Lichte unserer Erfahrung* (1947), in Gotthart Wunberg, *Nietzsche und die deutsche Literatur,* vol.1: *Texte zur Nietzsche-Rezeption* 1873-1963, Tübingen, dtv, Wissenschaft-liche Reihe/ Max Niemeyer Verlag, 1978, p. 286.

[416]*Ainsi parlait Zarathoustra,* Prologue, § 3, KSA IV, 16.

[417]*Ainsi parlait Zarathoustra,* Quatrième partie, « La fête de l'âne », KSA, IV, 391.

[418]*Ainsi parlait Zarathoustra,* Prologue, § 2, KSA IV, 12, et Troisième partie, « Des tables anciennes et nouvelles » § 2, KSA IV, 248.

[419]*Ainsi parlait Zarathoustra,* Quatrième partie, « De l'homme supérieur » § 18, KSA IV, 366.

[420]*Ainsi parlait Zarathoustra,* Troisième partie, « De l'esprit de lourdeur », KSA IV, 241-245 et « Des tables anciennes et nouvelles », KSA IV, 248.

les bons danseurs, et mieux encore : sachez vous tenir sur la tête »[421].

Se tenir sur la tête fait penser au monde à l'envers et évoque le désir de remettre en question l'ordre établi. Zarathoustra se comprend en effet comme le « grand vent » qui attaque « tous les bas fonds » morbides[422], afin de pouvoir créer des valeurs nouvelles. Il se comporte comme un « bouffon »[423], et son rire est relié à la volonté de renverser les valeurs existantes[424]. Mais qu'est-ce qu'il critique au fond ? On peut dire que Zarathoustra attaque ce qui est humain, trop humain en général, et s'en prend aux bourgeois cultivés, c'est-à-dire à ses contemporains auxquels il reproche d'avoir perdu l'élan créateur. A leur sujet on lit dans le chapitre « Du pays de la culture » : « Vous êtes stériles », vous êtes « des portails à moitié ouverts où les croque-morts attendent »[425]. Nietzsche ironise ainsi sur le fait que les Européens de son temps soient des hommes sans qualités ni convictions. Ne croyant en rien ils se contentent d'afficher des bribes de culture glanées par ci et par là. A plusieurs égards ils sont des postmodernes avant la lettre : « On voit, multicolores, toutes les époques et tous les peuples à travers vos voiles :

---

[421] *Ainsi parlait Zarathoustra,* Quatrième partie, « De l'homme supérieur » § 17, KSA IV, 366. Plusieurs commentateurs ont souligné l'importance de la danse chez Nietzsche : Georges Bataille, *Sur Nietzsche. Volonté de chance,* Paris, cinquième édition 1945, Gilles Deleuze, *Nietzsche et la philosophie, op. cit.,* Béatrice Commengé, *La danse de Nietzsche,* Paris, Gallimard, 1988.

[422] *Ainsi parlait Zarathoustra,* Deuxième partie, « De la canaille », KSA IV, 127.

[423] *Ainsi parlait Zarathoustra,* Quatrième partie, « Le cri de détresse », KSA IV, 303.

[424] Cf. Georges Bataille, *Exercice du silence* « Le rire de Nietzsche », Bruxelles, 1942.

[425] *Ainsi parlait Zarathoustra,* Deuxième partie, « Du pays de la culture », KSA IV, p.154.

toutes les coutumes et toutes les croyances parlent un langage bariolé dans vos attitudes »[426].

Revenons à Zarathoustra. En l'appelant un bouffon, Nietzsche pensait-il à Shakespeare, à Yorick précisément, le fou à la cour royale du Danemark, dont Hamlet découvre le crâne qui lui inspire sa fameuse méditation sur la mort ? Les fragments posthumes montrent en effet qu'au moment de rédiger *Zarathoustra,* Nietzsche s'intéressait à Yorick. Il voulait écrire un cycle de poèmes sur lui et avait déjà noté différents titres, dont « Le nouveau Yorick : chants d'un voyageur sensible » ou « Comment Yorick est devenu poète »[427]. De plus il avait rédigé le poème « Yorick Gitan », sans le publier pour autant. Ainsi la figure shakespearienne n'a finalement pas trouvé sa place chez Nietzsche[428]. Ce qui ne l'empêcha pas d'imaginer, à l'instar de Shakespeare, le triomphe de la comédie sur la tragédie : « Il est indéniable qu'à la longue et jusqu'à nouvel ordre, le rire, la raison et la nature ont fini par triompher de ces docteurs du « but » : la brève tragédie n'a jamais cessé de passer et de revenir à l'éternelle comédie de l'existence »[429].

Christophe Colomb et le Prince libre comme l'oiseau

Nietzsche se comprend comme un successeur du Colomb historique. Etant donné qu'à la fin du XIXe siècle, il n'y a plus d'Amériques à découvrir, plus de terres inconnues à parcourir, il se lance dans une autre aventure : l'exploration des choses de l'esprit, l'analyse des cultures, et le sondage du cœur humain. Se laissant porter par les

---

[426] *Ibid.* ; Goldschmidt, p. 166.

[427] *Fragments posthumes* 1882 à 1885, KSA, XIV, 712-713.

[428] Pour quelles raisons ? La réponse sera donnée dans le paragraphe suivant.

[429] *Le Gai Savoir*, livre premier §1 « Les docteurs du but de l'existence », KSA III, 372 ; Klossowski, p. 73.

vagues de la pensée, Nietzsche ne craint pas de rapprocher ce qui est éloigné, de sorte qu'il peut paraître contradictoire par moment. Son mot d'ordre « Embarquez ! » – *Auf die Schiffe* en allemand[430] – condense de façon métaphorique la volonté d'abandonner les certitudes et le désir de trouver du nouveau.

Amie, dit Colomb, plus jamais
N'aie confiance en Génois !
Toujours son regard fixe l'azur –
Le plus lointain l'attire trop[431].

Pour caractériser la pensée de Nietzsche, Karl Löwith parle donc du « voyage d'un nouveau Colomb vers le « coucher du soleil de l'être » qui apparaît « aux confins du néant ». Son but est de « renaître aux confins de l'être »[432]. Ce qui explique pourquoi il a finalement renoncé à rapprocher Colomb de Yorick, le second étant trop relié à la mort. En automne 1884, Nietzsche songea en effet à donner le titre « Yorick-Colomb » au poème suivant qui fut finalement publié en 1986 sous le titre « Vers des mers nouvelles » :

Là-bas – je *veux* aller ; et je me fie
Désormais à moi et à mon poignet.
La mer est là qui s'offre, vers l'azur
Se lance mon bateau génois.

---

[430]En conseillant à ses disciples de « rester fidèles à la terre », Zarathoustra n'invalide pas l'appel au grand large, mais met en garde contre la métaphysique.
[431]*Fragments posthumes,* été-automne 1882, 3[4] KSA X, 108.
[432]Karl Löwith, *Nietzsche. Philosophie de l'éternel retour,op.cit.,* p.10.

Tout resplendit pour moi nouveau et renouvelé,
Midi dort sur l'espace et le temps – :
Seul *ton* œil – formidable
Me regarde, infinité ![433].

Nous avons vu dans le premier chapitre, en comparant la mer chez Nietzsche et Baudelaire, qu'elle est plus noire chez le second[434]. Cette différence se confirme maintenant par le choix d'écarter Yorick du titre du poème consacré à Colomb. Le personnage du marin de la République de Gênes est du reste complété par la figure du Prince libre comme l'oiseau, car les deux ont en commun la liberté de l'esprit. A la fois chevalier, chanteur et alchimiste adepte de la *gaya scienza,* le Prince libre comme l'oiseau évoque la « merveilleuse culture des « Provençaux » en incarnant un « provençalisme accompli »[435]. Son dernier chant, qui invite le lecteur à s'élever « au-dessus de la morale en dansant », est donc dédié au mistral auquel Nietzsche s'identifie et qu'il surnomme « chasseur de nuages », « assassin de tristesse », voire « balayeur du ciel » :

Souffleur ô comme je t'aime
Ne sommes-nous pas issus du même sein tous les deux?
Toi qui sautes par-dessus les mers sauvages [...]
Comme le frère le plus libre de la liberté[436].

433« Vers des mers nouvelles », Chants du Prince libre comme l'oiseau, KSA III, 649 ; seconde édition du *Gai Savoir* (1887) ; Wotling, p. 422-423.

434Cf. Chapitre II. La France, *3. Nietzsche et Baudelaire*, p. 40-42.

435*Ecce homo*, « Le Gai Savoir », KSA VI, 333-334.

436*Le Gai Savoir*, Annexes, Chants du Prince libre comme l'oiseau, KSA III, 649-650.

César Borgia et Napoléon

Les traits « génois » et « provençaux » des figures-clés de Nietzsche – qui devront aussi apparaître chez le « bon Européen » de l'avenir – sont complétés à leur tour par quelques caractéristiques de l'homme de la Renaissance. A l'instar de Jacob Burckhardt, Nietzsche le perçoit comme « *uomo singolare, uomo unico* »[437], chez lequel tout aspire à la perfection. Ayant intégré l'Antiquité dans sa vie quotidienne, il est plus proche de la Grèce que des temps modernes[438]. Avec Hippolyte Taine Nietzsche apprécie de plus dans la Renaissance la présence d'une force indépendante et héroïque qui culmine dans l'art de Michel-Ange[439]. Elle se manifeste aussi chez certains hommes politiques : César Borgia, neveu du pape Alexandre VI, cardinal, prince de Romagne et pair de France en est le meilleur exemple. Ce « fauve magnifique », que Machiavel cite comme modèle dans *Le Prince,* est pour Nietzsche un « grand homme d'Etat », « dont les yeux avaient le regard immobile du grand seigneur »[440]. Il représente l'individu d'exception par excellence, car sa force plastique et sa volonté de puissance ne sont pas opprimées mais peuvent s'exprimer librement. Ce qui implique une grande dureté envers autrui. « Tous les créateurs sont durs », écrit Nietzsche et précise : « Malentendu au sujet de la 'bête de proie' : très sain comme César Borgia ! »[441] Le même argument

---

[437]Campioni, *Der französische Nietzsche,* p. 169; Jacob Burckhardt, *Die Cultur der Renaissance,* p. 104.

[438]Campioni, p.169 et p. 180-233.

[439]*Ibid.,* p. 195.

[440]*Ibid.,* p. 213 ; cf. Taine, *Philosophie de l'art,* Paris, Fayard, 1985, p. 96.

[441]*Ainsi parlait Zarathoustra,* Deuxième partie, « Des compatissants », KSA IV, 116. Le chapitre « Des tables anciennes et nouvelles » réitère ce constat : « Ceux qui créent sont durs. » KSA IV, 268 ; voir aussi *Fragments posthumes,* printemps 1884, KSA XI, 21.

revient dans *Par-delà le bien et le mal* : « On se méprend sur la bête de proie, sur l'homme de proie (par exemple César Borgia) [...], si l'on continue à chercher la 'maladie' au fond de ces monstres et plantes tropicaux les plus sains, voire un 'enfer' intérieur »[442].

Dans cette optique, et à la suite de Taine, Nietzsche rapproche l'Empereur français Napoléon I des artistes de la Renaissance. « Nota bene » écrit-il, « Dante, Michel-Ange, Napoléon : tout d'un coup la faculté maîtresse se développe : l'artiste dans le politicien sort de sa gaine ; il crée l'idéal et l'impossible ». Ce qui permet de le comprendre comme « le frère posthume de Dante et de Michel-Ange ». Car « la cohérence et la logique interne de son rêve, la profondeur de sa méditation et la grandeur surhumaine de sa conception » rapprochent Napoléon de ces illustres Italiens[443]. Allant dans le même sens, Nietzsche cite l'Empereur comme « le cas le plus célèbre » parmi ceux qui se sont avérés « plus fort[s] que la société » dans laquelle ils vivaient[444]. En s'opposant à ses contemporains, « le Corse Napoléon » arriva à transformer l'Europe. Il réussissait parce qu'il « était *autre,* l'héritier d'une civilisation plus robuste, plus immuable, plus antique que celle qui était en train de se disloquer et de s'évanouir en France »[445].

---

[442]*Par-delà le bien et le mal*, Cinquième partie, « L'histoire naturelle de la morale » §197, KSA V, 117.
[443]*Fragments posthumes,* été 1886-automne 1887, 5 [91], KSA XII, 223-224. Selon Campioni, Nietzsche fit ce rapprochement à partir de l'article de Taine paru dans la *Revue des deux mondes* du 15 février 1887.
[444]*Crépuscule des idoles,* Divagations d'un intempestif § 45, « Le criminel et ceux qui lui ressemblent », KSA VI, 147.
[445]*Crépuscule des idoles,* Divagations d'un intempestif § 44, « Ma conception du génie », KSA VI, 145 ; Hémery, *op. cit.,* p. 131-132.

Mais Nietzsche voit également qu'à la fin du XIXe siècle, « dans notre société domestiquée et médiocre », un homme incarnant une telle « force de la nature » sortira facilement du cadre de la loi. Il fait donc dire à Zarathoustra que « celui qui brise des tables et de vieilles valeurs, – c'est lui, qu'ils appellent un criminel »[446]. Pour en savoir plus, Nietzsche recommande de lire Dostoïevski, « le seul psychologue qui ait eu quelque chose à [m'] apprendre »[447].

La mise en exergue des « grands individus » caractérise aussi la philosophie de l'histoire nietzschéenne : « Non, le but de l'humanité ne peut se trouver à sa fin, mais seulement dans ses meilleurs exemplaires »[448], s'exclame-t-il, en congédiant toutes les conceptions téléologiques de l'histoire depuis Saint Augustin jusqu'à Hegel et l'hégélianisme. Ce qui compte à ses yeux, ce sont les « grands hommes » qui ont changé la face du monde. A la différence de Hegel, Nietzsche rejette donc l'idée d'un processus historique permettant à l'« esprit universel » (*Weltgeist*) de se manifester successivement. Par conséquent, il ne voudrait « pas entendre toujours parler de l'hyberbole de toutes les hyberboles, à savoir 'le monde, le monde et une fois de plus le monde' ». En revanche, il recommande de parler « de l'homme, de l'homme et encore une fois de l'homme »[449]. Ainsi

[446]*Ainsi parlait Zarathoustra*, Troisième partie, « Des tables anciennes et nouvelles » § 26, KSA IV, 266 ; Goldschmidt, p. 304.

[447]*Crépuscule des idoles,* Divagations d'un intempestif §45, KSA VI, 147.

[448]*De l'utilité et de l'inconvénient de l'histoire pour la vie* § 9 KSA, I, 313.

[449]*Ibid.* KSA I, 312. Considérant l'Histoire plutôt comme un art qu'en tant qu'une science, Nietzsche demande à l'historiographe de travailler à la manière d'un dramaturge. A partir de fragments isolés, il faut savoir « tisser un tout » pour « donner aux choses une structure

Nietzsche et Hegel considèrent Napoléon de manière très différente, voire opposée. Pour le second, il est l'incarnation de l'âme universelle (*Weltseele*), autrement dit un simple instrument, nécessaire à la volonté universelle pour s'accomplir (*Vollzugsorgan des Weltwillens*). Nietzsche, par contre, voit en lui un grand homme d'exception, « plus fort que son temps », qui sut créer de nouvelles structures politiques et sociales. Mais Nietzsche ne semble pas avoir vu, à quel point Napoléon dépendait de l'acclamation de la foule qui constituait son unique source de légitimation.

Il ne faut pas oublier non plus ceci : la fascination de Nietzsche pour les grands hommes et les « bêtes de proie » eut pour conséquence que dans un premier temps les idéologues du nazisme cherchaient à utiliser sa philosophie à leurs propres fins. Certes, ils comprirent vite que sa critique du nationalisme et de l'antisémitisme s'opposait à leurs intentions. Mais l'anthropologie nietzschéenne contient néanmoins plusieurs remarques problématiques. En définissant l'homme en tant que « passage », comme une « corde tendue entre l'animal et le surhomme », voire « une corde par-dessus de l'abîme »[450], Nietzsche remet en question non seulement la conception judéo-chrétienne de l'homme, mais aussi l'anthropologie humaniste de Goethe, de Schiller et de Kant. Affirmant que « l'homme n'est pas un but en soi, mais un pont »[451], il prend congé de l'impératif catégorique kantien qui demande précisément de

---

unifiée, si elle n'y est pas ». *Ibid.,* § 6, KSA I, 292. Cf. Angelika Schober, « L'art de l'histoire selon Nietzsche », *Etudes Germaniques*, avril-juin 2000 p. 221-233.

[450] *Ainsi parlait Zarathoustra,* Prologue § 4, KSA IV, 17.

[451] *Ibid.*

considérer chaque être humain toujours comme un « but en soi » (*Zweck*) et jamais en tant que simple moyen[452].

Carmen et les filles du désert

Loin de « la vieille Europe mélancolique et humide » Nietzsche imagine un espace que l'on peut appeler le Grand Sud[453]. Il se caractérise par le fait que « les dieux ont honte de porter des vêtements »[454]. Dans cette contrée résonnent des airs espagnols, africains et orientaux, et Zarathoustra y trouve des femmes qui l'enchantent : « En ces temps-là, j'aimais ces filles de l'Orient et un autre ciel bleu qui n'est pas couvert de nuages et de pensées[455]». Au pouvoir séducteur de Carmen, l'héroïne de Bizet, qui fascine également Nietzsche s'ajoutent ainsi les charmes de Suleika l'Arabe, et de Doudou l'Africaine. On peut même dire que le badinage sensuel des filles du désert fait écho à la passion mortelle de l'opéra que Nietzsche commenta en ces termes : « Je ne connais aucun autre cas où la 'pointe tragique' qui constitue l'essence de l'amour, s'exprime de façon aussi austère […] que dans le dernier cri de Don José […] : oui, je l'ai tuée, moi, ma Carmen adorée »[456].

---

[452]Immanuel Kant, *Kritik der praktischen Vernunft,* « Von den Triebfedern der reinen praktischen Vernunft », Francfort sur le Main, Suhrkamp Verlag, 1980, p. 210.

[453]*Ainsi parlait Zarathoustra*, Quatrième partie, « Parmi les filles du désert », KSA IV, 380 ; Goldschmidt, p. 434.

[454]*Ainsi parlait Zarathoustra,* Deuxième partie, « De la sagesse des hommes », KSA IV, 186. La phrase légèrement modifiée est reprise plus loin. Zarathoustra rêve de « lieux où des dieux qui dansent ont honte de tout vêtement ». Troisième partie, « Des tables anciennes et nouvelles » § 2, KSA IV, 247.

[455]*Ainsi parlait Zarathoustra*, Quatrième partie, « Parmi les filles du désert », KSA IV, 380 ; Goldschmidt, p. 434.

[456]*Le cas Wagner* § 2, KSA VI, 15.

La mise en scène des filles du désert montre une fois de plus un Nietzsche intempestif. En effet, ses phantasmes de la femme orientale diffèrent sensiblement de l'orientalisme en vogue à l'époque. Nietzsche n'est pas attiré par le harem, l'ambiance voluptueuse d'un espace clos à la Delacroix abritant des femmes inactives et dévouées à leur maître, ne l'intéresse pas. Ses filles du désert sont libres. Elles séduisent par un comportement espiègle et pourraient être les cousines du « Prince libre comme l'oiseau ». Par ailleurs, la Suleika nietzschéenne n'a que le nom en commun avec celle de Goethe. Ressemblant au palmier « qui pareil à une danseuse se plie, s'incline, les hanches flexibles »[457], elle propose une rencontre passagère, sensuelle uniquement. Elle ne souhaite pas former un couple idéalisé avec Zarathoustra à la manière de Suleika et Hatem dans le *Divan occidental-oriental.* Chez Nietzsche, Suleika se contente (comme Doudou) de danser, et le reste du temps, « quand elles ne dansaient pas, elles étaient sagement assises ». « Profondes mais sans pensées », ces créatures du désert apparaissent comme des « énigmes enrubannées », des « noix pour le dessert » ; elles sont appelées aussi des « tendres cœurs », « cœurs de dattes ! seins de lait ». Ces « filles-chattes, muettes et songeuses » ne dialoguent pas avec Zarathoustra, elles préfèrent l' « ensphinxer »[458] en dansant. Elles ressemblent ainsi d'une certaine manière à Carmen qui séduit Don José par son flamenco que Nietzsche décrit comme une « danse mauresque »[459].

Par ailleurs, si l'Eros oriental fantasmé par Nietzsche n'a guère d'affinités avec celui imaginé par Goethe, on

[457]*Ainsi parlait Zarathoustra,* Quatrième partie, « Parmi les filles du désert », KSA IV, 381.
[458]Pleines d'énigmes, elles font penser au sphinx – qui est féminin en allemand. *Ibid.*, KSA IV, 382 ; Goldschmidt, p. 437.
[459]*Le cas Wagner,* § 2, KSA VI, 15.

trouve encore moins de ressemblances entre Nietzsche et Flaubert à ce sujet. En témoigne la description de la visite d'une maison close à Alexandrie en Egypte : « Avant de nous livrer à la copulation », écrit Flaubert, « ces dames ont été faire des ablutions préalables. […] Le clair de lune passait par la fenêtre. Je voyais le palmier, un coin du ciel avec du bleu et des nuages. […] Elle n'a pas défait sa veste verte, à broderie d'or […] L'ensemble était un effet de peste et de léproserie »[460].

Revenons à Nietzsche, à ses filles du désert, à Carmen et à leur danse. Son impact se confirme et s'accentue précisément par le fait que Zarathoustra soit appelé « le danseur » qui « fait signe à tous les oiseaux »[461]. La Méditerranée de Nietzsche apparaît ainsi comme un vaste espace de danse, orchestré par Zarathoustra, Carmen et les filles du désert. A laquelle participe aussi Dionysos, ce dieu tragique qui danse, lui aussi.

Nietzsche souligne ces liens en reprenant, avec quelques modifications, le chapitre « Parmi les filles du désert » d'*Ainsi parlait Zarathoustra* dans ses *Dithyrambes de Dionysos*[462]. La première phrase du deuxième paragraphe – « Le désert croît. Malheur à qui recèle des déserts » – est détachée du texte, ce qui lui donne une importance plus grande. Nietzsche rajoute en outre à la fin du troisième paragraphe une strophe qui assombrit l'ensemble du texte, car elle introduit la mort dans le badinage léger des filles du désert :

---

[460]Gustave Flaubert, *Voyage en Orient,* présenté par Claudine Gothot-Mersch, Paris, Gallimard, collection folio classique, p. 87-88.

[461]*Ainsi parlait Zarathoustra,* Quatrième partie, « De l'homme supérieur » § 18, KSA IV, 366.

[462]*Dithyrambes de Dionysos,* KSA VI, 381-387.

Le désert croît – malheur à qui recèle des déserts !
La pierre crisse contre la pierre, le désert vous enserre
et vous étouffe
La monstrueuse mort jette un regard ardent et ténébreux,
Et *mastique* – sa vie toute entière est sa mastication…

Le poème conclut par un appel qui rend l'ambiance encore plus sombre. « *N'oublie pas, homme tanné, consumé de volupté : c'est toi qui es la pierre, le désert, c'est toi tu es la mort* »[463]. De toute évidence, l'apparence du désert a changé. *Ainsi parlait Zarathoustra* le présente comme un espace de sérénité, caractérisé par un ciel sans nuage, loin de l'Europe « mélancolique et humide ». Zarathoustra dit de plus que c'est « dans le désert que vivent depuis toujours les esprits libres en tant que seigneurs[464]. Dans les *Dithyrambes,* en revanche, la danse des filles du désert peut faire penser à une danse macabre, d'autant plus qu'un fragment d'automne 1888 rend ces « filles-chattes » désagréables : il est question de « chats griffus aux pattes entravées, […] le regard venimeux »[465].

Comment Nietzsche perçoit-il donc au fond l'espace du désert ? Au début d'*Ainsi parlait Zarathoustra,* dans le chapitre « Des trois métamorphoses de l'esprit », il est synonyme d'un lieu de liberté infinie, et ses « couchers de soleil bruns » indiquent une vie intense par-delà le bien et

---

[463]*Dithyrambes de Dionysos,* KSA VI, 387 ; *Friedrich Nietzsche. Œuvres philosophiques complètes,* tome VIII***, *Dithyrambes de Dionysos/ Poèmes et fragments poétiques posthumes,* édition bilingue (1882-1888), textes et variantes établis par G. Colli et M. Montinari, traduit de l'allemand par Jean-Claude Hémery, Paris, nrf, Gallimard, 1975, p. 35.
[464]*Ainsi parlait Zarathoustra,* Deuxième partie, « Des sages célèbres », KSA IV, 133.
[465]*Dithyrambes de Dionysos, op.cit.,* p. 199.

le mal. Mais dans les *Dithyrambes,* c'est la mort qui prédomine. La phrase « Le désert croît. Malheur à qui recèle des déserts » apparaît clairement comme un avertissement. Cependant, il faut tenir compte aussi de ceci : cette phrase ne donne pas l'opinion de Zarathoustra, mais celle d'un autre personnage. Nietzsche l'appelle le « singe hurleur moralisant » (*moralischer Brüllaffe*)[466] qui exprime ce que pense « un Européen sous les palmiers ». Attiré par Suleika et Doudou, il ne peut oublier la morale. Son attitude est confirmée par une phrase qui rappelle Martin Luther devant la Diète de Worms en 1521: « Me voici en tant qu'Européen, je ne sais agir autrement ». Ce que Nietzsche commente par ces mots : « Souffle, soufflet de la vertu, souffle de nouveau ». Il déplore que face aux filles du désert qui agissent par-delà le bien et le mal, l'hôte européen se sente obligé à agir comme un « lion moral », qu'il se plaise à « hurler moralement »[467].

Dionysos et le Christ

Durant toute sa vie, Nietzsche est fasciné par deux figures de la sphère religieuse. Il s'agit de la divinité grecque

---

[466]*Moralischer Brüllaffe* est l'une des expressions qui font dire à Geneviève Bianquis qu' *Ainsi parlait Zarathoustra* peut causer « le désespoir du traducteur ». Cf. Angelika Schober, « *Ainsi parlait Zarathoustra* de Friedrich Nietzsche : le désespoir du traducteur », *Logos. Translation of Social Science. Problems and Solutions. A Refereed Journal of Language and Translation (C.M.G. Tributary),* n° 4; Université du Caire, 2008, p. 3-18.

[467]L'interprétation de la phrase « Le désert croît » proposée par Heidegger dans *Qu'appelle-t-on penser?,* ne tient pas compte des aspects positifs du désert que Nietzsche évoque également. Hannah Arendt indique à juste titre des liens entre les oasis et le désert. Cf. Hannah Arendt, « Du désert et des oasis » (Un chapitre de conclusion possible) dans *Qu'est-ce que la politique ?,* texte établi par Ursula Ludz, traduit et préfacé par Sylvie Courtine-Denamy, Paris, Editions du Seuil, 1995.

Dionysos, dont il se dit le dernier disciple[468], ainsi que du Christ. Ce dernier hante sa pensée « plus profondément qu'un adversaire ou une référence ». Il apparaît en effet comme « le lieu typique et ultime que Nietzsche habite inconsciemment ou consciemment »[469].

Dionysos

Le dieu de l'extase que les Grecs vénéraient dans le même temple qu'Apollon et qu'ils considéraient comme son « frère », occupe une place centrale dans *La Naissance de la tragédie à partir de l'esprit de la musique* et il est présent dans les différents volets de la philosophie nietzschéenne. Pour ne citer ici que le domaine de l'art, on constate que Nietzsche explique la créativité artistique grâce à la complémentarité de deux principes symbolisés par Dionysos et Apollon. Le premier permet à l'artiste d'abandonner momentanément son individualité personnelle, et de ressentir ainsi l' « unité originelle » entre tout ce qui existe[470]. Le second, le dieu de la mesure et de la belle apparence, incarne le principe de l'individuation (*principium individuationis*) qui s'exprime dans la forme précise[471]. Pour créer une œuvre d'art, l'artiste doit donc se faire successivement disciple de Dionysos et d'Apollon et se laisser inspirer par les deux.. Dans un premier temps, il ne distingue plus entre lui-même et le monde, entre le moi et le non-moi. Mais il peut ressentir l'œuvre d'art à créer comme une sorte de musique. S'y identifiant entièrement, il « n'est plus artiste,

---

[468]« Moi, le dernier disciple du philosophe Dionysos, – moi, le professeur de l'Eternel Retour », *Ecce homo,* « Ce que je dois aux Anciens » § 5, KSA VI, 160.

[469]Jean-Luc Marion, *L'idole et la distance. Cinq études,* Paris, Grasset 1977, p. 86.

[470]*La Naissance de la tragédie*, § 1, KSA I, 28-29.

[471]*Ibid.,* § 1, KSA I, 26- 27.

il est devenu œuvre d'art »[472]. L'effervescence dionysiaque lui offre l'accès à « l'unité originelle du monde » (*das Ureine*), c'est-à-dire au lien intime entre tous les êtres. Pendant cette phase à la fois « douloureuse et pleine de plaisir »[473], qui rappelle que chaque individu doit mourir, l'artiste regarde dans l'abîme de l'existence. Ou, plus exactement, il est capable d'entendre ses sonorités inquiétantes. En même temps, cet état douloureux procure une « consolation métaphysique » appelée par Nietzsche l' « Evangile de l'harmonie universelle »[474]. L'artiste comprend maintenant que « la vie est au fond des choses indestructiblement puissante et pleine de plaisir »[475], même si rien ne peut échapper à la mort. Après avoir pris acte du fond tragique et dionysiaque de l'existence, et en acceptant la consolation métaphysique, l'artiste est capable d'adopter une autre attitude et il peut maintenant accueillir Apollon qui le « touche avec son laurier »[476]. Ce qui a pour conséquence qu'il arrive à donner forme à ce qu'il a ressenti auparavant de manière indistincte et diffuse. Retrouvant la « limitation mesurée »[477], l'artiste est en mesure de refléter l'unité originelle une seconde fois, cette fois-ci à travers la « belle apparence ». Ce qui veut dire que l'union avec « le cœur du monde » se manifeste dans « une scène de rêve » qui illustre le double aspect de l'existence : l'horreur de la mort d'une part, **et** le triomphe de la vie d'autre part. En conséquence de quoi Nietzsche définit

---

[472] *Ibid.*, § 2, KSA I, 30.
[473] *Ibid.*, § 5, KSA I, 43-44.
[474] *Ibid.*, § 1 et §7, KSA I, 29.
[475] *Ibid.*, § 7, KSA I, 56.
[476] *Ibid.*, § 5, KSA I, 44.
[477] *Ibid.*, § 1, KSA I, 28.

l'œuvre d'art comme la « délivrance de la souffrance dans la belle apparence »[478].

Par le biais de Dionysos Nietzsche insiste sur les aspects sombres de l'existence et souligne les profondeurs obscures de la nature humaine. Il anticipe donc Freud qui fit ses études à Paris chez Charcot, au moment où il écrivait à Nice *Ainsi parlait Zarathoustra*. Certes, Freud affirme « s'être refusé le plaisir d'une lecture de Nietzsche », mais en mettant en exergue Dionysos, Nietzsche a néanmoins introduit les pulsions dans la réflexion philosophique[479]. Il rappelle comment « les mystères dionysiaques » firent apparaître la « volonté de vie » des Grecs. En célébrant « les mystères de la sexualité », ils voulaient s'assurer « la vie éternelle, l'éternel retour de la vie », autrement dit « le Oui triomphant de la vie par-dessus la mort »[480]. On peut dire de plus que Dionysos incarne pour Nietzsche l'Eternel Retour du même que les animaux de Zarathoustra esquissent en ces termes : « Tout s'en va, tout revient […]. Tout meurt, tout refleurit […]. Tout se casse, tout est assemblé à nouveau […]. Tout se sépare, tout se salue de nouveau. Eternellement se construit la même demeure de l'être. »[481]. A quoi il faut ajouter que le

---

[478]*Ibid.*, § 5, KSA I, 44. A différents endroits, Nietzsche souligne l'impact de la belle apparence. Il fait dire à Zarathoustra qu' « il faut aussi apprendre cet art : avoir une coquille et une belle apparence ». Il ajoute : « les femmes les plus délicieuses le savent ». *Ainsi parlait Zarathoustra,* Troisième partie, « De l'esprit de pesanteur », KSA IV, 243.

[479]Sur la perception de Nietzsche par Freud, voir Paul-Laurent Assoun, *Freud et Nietzsche*, Paris, PUF, 1980.

[480]*Crépuscule des idoles*, « Ce que je dois aux Anciens » § 4, KSA VI, 159.

[481]*Ainsi parlait Zarathoustra*, Troisième partie, « Le convalescent », KSA IV, 272-273. Sur les implications du Retour, voir Angelika Schober, « L'Eternel Retour chez Nietzsche. Approche

« Retour » ne fait pas revenir l'identique, mais le Retour lui-même, c'est-à-dire le devenir en tant que devenir[482]. Ce qui incite l'homme à relever constamment le défi de la vie et à oser un commencement nouveau.

Le Christ

Parmi les grandes figures de la Méditerranée qui passionnent Nietzsche compte aussi le Christ[483]. Mais à la différence des autres personnages, dont la connotation est exclusivement positive, celle du Christ est plus complexe. En effet, Nietzsche est tiraillé entre accueil et rejet, admiration et réprobation. Ses rapports à lui sont beaucoup plus nuancés que l'indique la célèbre opposition « Dionysos contre le Crucifié »[484].

Avec Karl Jaspers on peut dire que Nietzsche se sent « proche du Christ », et que la critique à son égard « se présente sous une forme nettement plus réservée que celle du christianisme »[485]. Eugen Biser confirme ce constat[486]. Cependant, le Christ, tel qu'il est perçu par Nietzsche, ne correspond pas vraiment à celui enseigné par l'Eglise. On remarque d'abord que Nietzsche parle de Jésus, au lieu de l'appeler le Christ. La raison en est que « le Dieu sur la

---

sémiologique », in Gunilla Haac (dir.), *Hommage à Oscar Haac. Mélanges historiques, philosophiques et littéraires,* Paris, L'Harmattan, 2003, p. 257-270.

[482]Cf. Gilles Deleuze, *Nietzsche et la philosophie*, Paris, PUF, 1962, cité d'après la seconde édition de 1967, p. 51-53.

[483]La haute fréquence confirme son importance : 128 mentions dans l'index de Salaquarda, KSA XV, 317.

[484]Nietzsche signait ainsi plusieurs lettres début janvier 1888, juste avant son effondrement physique et psychique.

[485]Karl Jaspers, *Nietzsche. Einführung in das Verständnis seines Philosophierens* (1934/35), troisième édition, Berlin, 1950, p. 160.

[486]Eugen Biser, « Le rapport de Nietzsche à Jésus, Une comparaison littéraire et psychologique », traduit de l'allemand par Robert Givord, *Nietzsche et le christianisme, Concilium. Revue internationale de théologie* n° 165, 1981, p. 100.

croix » constitue à ses yeux « une malédiction contre la vie »[487]. La résurrection serait donc seulement une « hallucination collective »[488], dépourvue de tout impact salvateur. Selon Nietzsche, la crucifixion de Dieu est un « scandale », et c'est à partir d'une seule perspective humaine qu'il présente Jésus. Nous avons vu qu'il voit en lui « l'homme le plus noble » et « le plus digne d'amour », à quoi s'ajoutent d'autres qualités : il est un « esprit libre » qui se désintéresse de tout « ce qui est solide », afin de croire « seulement en la vie et en ce qui est vivant »[489]. Nietzsche le perçoit même comme un « saint anarchiste », un « criminel politique » crucifié pour avoir « rejeté l'Eglise du judaïsme avec sa hiérarchie sociale »[490]. Appréciant que Jésus « ait pris parti contre ceux qui jugent » et qu'il ait aimé « les méchants, pas les bons », Nietzsche conclut un peu hâtivement qu'il « voulait être le destructeur de la morale ». En effet, il passe ainsi sous silence que Jésus a dit : « Je ne suis pas venu pour abolir la loi, mais afin de l'accomplir »[491].

La représentation nietzschéenne du Christ en tant qu' « esprit libre » fait penser au « Prince libre comme l'oiseau ». Elle contient aussi un clin d'œil à Zarathoustra qui s'exclame : « Où est *ma* demeure ? C'est là mon

---

[487]*Fragments posthumes,* printemps 1888, KSA XIII, 267.

[488]*Fragments posthumes,* novembre 1887-mars 1888, KSA XIII, 108.

[489]*Fragments posthumes*, novembre 1887-mars 1888, KSA XIII, 164. La vie a cependant d'autres implications dans l'enseignement du Christ et chez Nietzsche.

[490]*Fragments posthumes*, novembre 1887-mars 1888, KSA XIII, 106.

[491]Evangile selon Saint-Matthieu, Mt 5 : 17, *La Bible de Jérusalem* traduite en français sous la direction de l'Ecole biblique de Jérusalem, nouvelle édition revue et corrigée, Paris, Les éditions du Cerf, 1998, p. 1657. Dans le même esprit Nietzsche écrivit cinq ans plus tôt : « Qu'importe la morale à nous, les fils de Dieu ! ». *Fragments posthumes*, été-automne 1882, KSA X, 61.

interrogation […] et je n'ai rien trouvé »[492]. En effet, d'après Saint Matthieu, « le Fils de l'homme, lui, n'a pas où poser la tête »[493]. Mais le plus souvent, Zarathoustra préfère parodier le Christ. Ainsi il ironise sur sa passion, en remplaçant la couronne d'épines par une « couronne-rosaire » (*Rosenkranzkrone*), objet hybride composé d'une couronne et du rosaire[494]. Il s'oppose également au Christ en reconnaissant qu'il se comporte de manière dure avec autrui[495]. Car le Christ se définit comme celui qui est « humble et doux de cœur »[496]. En fin de compte Zarathoustra se distingue aussi de lui en cherchant à vaincre son amour pour les hommes, de peur qu'il le conduise à la mort. Ce qui n'a pas été le cas du Christ.

Dès sa jeunesse, Nietzsche hésite entre accueil et rejet, et un poème écrit à l'âge de 18 ans exprime un rapport presque mystique :

Laisse-moi te découvrir
comment le salut de ton esprit en secret,
me rafraîchit, à l'instar de la rosée.
Quand tu me regardais
lorsque j'étais à tes pieds
et tu me serrais contre toi,
plein d'amour et de tendresse,

---

[492]*Ainsi parlait Zarathoustra,* Quatrième partie, « L'ombre », KSA IV, 339 ; Goldschmidt, p. 389.

[493]Evangile selon Saint-Matthieu, Mt 8 : 20, *La Bible de Jérusalem, op. cit.,* p. 1662.

[494]*Ainsi parlait Zarathoustra,* « De l'homme supérieur » § 18, KSA IV, 366. En se mettant cette couronne sur la tête, Zarathoustra parodie de plus Napoléon qui s'est couronné lui-même.

[495]*Ainsi parlait Zarathoustra,* Quatrième partie, « Le magicien », KSA IV, 317.

[496]Evangile selon Saint-Matthieu, 11 : 28, *La Bible de Jérusalem,* p. 1167.

j'ai été si heureux.
mon cœur battait si fort »[497].

Avec Eugen Biser on peut dire que « l'amour découvert dans le regard du crucifié était finalement plus puissant que la furie de la haine qui se déchaînait » également en Nietzsche[498]. Nous voudrions ajouter que grâce à la présence du Christ, Dieu n'est pas si mort chez Nietzsche que l'on pourrait croire de prime abord. Comme l'écrit Franz Rosenzweig, son approche personnelle et passionnelle a en effet réintroduit Dieu dans la réflexion philosophique[499].

*

Nous avons vu que la Méditerranée est pour Nietzsche un espace très complexe, à la fois géo-localisable, imaginaire, historique, mythologique et religieux, où l'Europe et son au-delà se rencontrent. Un espace dans lequel ses différentes aspirations se rejoignent. Il espérait y découvrir l'inconnu et retrouver la santé. Certes, la Méditerranée n'a finalement pas montré à Nietzsche comment il fallait formuler la synthèse de sa pensée sous le titre *Volonté de puissance. Transmutation de toutes les valeurs*. Elle ne lui a pas apporté non plus la guérison de ses maux. Mais de concert avec les autres espaces commentés, elle lui permit de développer la richesse de sa pensée en allant au-delà des frontières.

---

[497] *Kritische Gesamtausgabe*, *KGW*, I/2, p. 461.

[498] Eugen Biser, *Nietzsche et le christianisme*, *Concilium. Revue internationale de théologie* n° 165, 1981, p. 100 ; Eugen Biser, *Nietzsche – Zerstörer oder Erneuerer des Christentums?*, Darmstadt, Wissenschaftliche Buchgesellschaft, 2002, p. 78; voir aussi Angelika Schober, *Reflets des Lumières dans la pensée allemande,* Chap. 3 « La mort de Dieu », *op.cit.*, p. 59-62.

[499] Franz Rosenzweig, *L'Etoile de la rédemption,* traduit de l'allemand par Alexandre Derczanski et Jean-Louis Schlegel, *op. cit.*, p. 29.

Conclusion

Peut-on établir une conclusion de la géocritique de Nietzsche après avoir montré qu'il cherche sans cesse à dépasser les frontières, et à ouvrir des horizons nouveaux ? Le mot « conclusion » implique en effet de clore quelque chose, de le refermer. Certes, nous pourrions résumer maintenant en d'autres termes ce qui fut déjà dit, et retracer les tonalités des espaces que Nietzsche a commentés et qui l'ont inspiré. Nous pourrions également rappeler la superposition des strates, ainsi que la complexité de sa pensée, qui peut aller jusqu'au paradoxe[500] et traduit d'une tension entre différentes perspectives, à l'aide desquelles le même sujet est traité. Rappelons seulement l'essentiel : les espaces de la géocritique de Nietzsche font ressortir une structure commune, en dépit de leurs différences. En général, Nietzsche y découvre des données qu'il apprécie et d'autres qu'il déplore. Dans sa pensée se côtoient de plus des positions difficiles à concilier, elles constituent souvent des polarités et se complètent mutuellement. D'une part, Nietzsche recherche l'unité, la cohésion et la durée – par exemple en faisant l'éloge de la Russie. D'autre part, il s'oppose à tout ce qui est solide en appelant Zarathoustra le « vent du dégel » qui brise la glace[501]. A quel point l'union des contraires est importante pour lui, ressort le mieux de la remarque suivante : « Lorsqu'au matin […] je sortis en plein air, je trouvai

---

[500]Karl Jaspers dit à juste titre qu'en lisant Nietzsche nous ne devrions être contents que lorsque nous aurons « trouvé la contradiction » à ce qui fut énoncé ailleurs. *Nietzsche. Introduction à sa philosophie,* traduit de l'allemand par Henri Niel, Paris, Gallimard, 1978, p.18.

[501]*Ainsi parlait Zarathoustra,* « Des vieilles et nouvelles tables » § 8, KSA IV, 252 ; Goldschmidt, p. 285.

devant moi la plus belle journée que la Haute Engadine m'ait jamais montrée – transparente, de couleurs ardentes, renfermant tous les contrastes, toutes les nuances entre la glace et le midi »[502]. Allant dans le même sens, Nietzsche termine le poème « Du haut des cimes. Postlude », qui clôt *Par-delà le bien et le mal,* en constatant ceci : « La lumière a épousé la Nuit »[503].

Une conclusion au sens nietzschéen se doit d'être aussi une ouverture. Elle apparaît en effet à travers un espace qui n'a pas encore été traité de façon directe, mais dont on peut dire qu'il correspond parfaitement à la pensée de Nietzsche. C'est l'espace de l'exil. Zarathoustra n'a pas de chez soi, aussi peu que le Prince libre comme l'oiseau ou le Juif errant. Les bienfaits d'une vie en exil, autrement dit d'une existence apatride, ressortent à différents endroits. Dans un fragment d'automne 1880 Nietzsche utilise le mot « émigrés » (*Emigranten*) pour se décrire lui-même, et ceux qui lui ressemblent : « Nous sommes des émigrés [...]. Nous voulons être des ennemis mortels de ceux [...] qui trouvent refuge dans l'hypocrisie et souhaitent la restauration de l'ordre ancien »[504].

Cependant, n'avait-t-il pas cherché aussi des ancrages solides ? En effet, dans sa jeunesse Nietzsche éprouvait un besoin de repères : « Au milieu de l'océan infini des idées » note-t-il, « on a la nostalgie d'une terre solide »[505].

---

[502]*Ecce homo, Crépuscule des idoles* § 3, KSA VI, 355 ; Hémery, *Œuvres philosophiques complètes, op.cit.,* VIII, 324.

[503] *Par-delà le bien et le mal,* KSA V, 243 ; Bianquis, p. 415.

[504]KSA IX, 201, cité par Steffen Dietzsch, « Nietzsche im 'Neuen Tagebuch', Paris 1933-1939 », in Rüdiger Schmidt-Grépaly et Steffen Dietzsch (dir.), *Nietzsche im Exil. Übergänge in gegenwärtiges Denken,* Stiftung Weimarer Klassik, Verlag Hermann Böhlaus Nachfolger, 2001, p. 30.

[505]Cité par Karl Löwith, *Nietzsches Philosophie der Ewigen Wiederkehr des Gleichen, op. cit.,* p. 128.

Il espérait la trouver dans les sciences et l'Histoire. Mais progressivement, il prit ses distances, même si le désir d'enracinement semble prendre le dessus par moment. Un poème écrit en automne 1880 en témoigne[506] :

Les corneilles crient
Gagnent la ville d'un vol bruissant :
Bientôt il va neiger
Bienheureux qui a maintenant encore un chez soi*
[...]
Te voici maintenant, blafard,
Condamné à cette errance hivernale,
Pareil à la fumée
Toujours en quête de ciels plus froids.

Vole, oiseau, fredonne
Ton chant sur le mode de l'oiseau du désert.
Cache bien, fou, ton cœur qui saigne,
Sous le sarcasme et le frimas.

Les corneilles crient
Gagnent la ville d'un vol bruissant
Bientôt il va neiger –
Malheur à qui n'a plus de chez soi* [507].

[506]Nietzsche hésitait entre six titres, à savoir *L'esprit libre, Adieu, Les corneilles crient, Mal du pays, Du désert, Abandonné.*

[507]*Fragments posthumes* automne 1884-automne 1885 28[64], KSA XI, 329, traduits de l'allemand par Michel Haar et Marc B. de Launay, *Œuvres philosophiques complètes,* Paris, nfr, Gallimard, XI, 46-47. *Au lieu de traduire *Heimat* par « patrie », nous préférons le rendre par « un chez soi ». Voir Angelika Schober, « Nietzsche – *Heimat* en exil », dans *Heimat. La petite patrie dans les pays de langue allemande. Chroniques allemandes. Revue du CERAAC* n° 13, Université Stendhal-Grenoble 3, 2009, p. 295-320.

Cependant, la *Réponse* qui suit immédiatement le poème relativise ce que Nietzsche vient d'affirmer :

Dieu lui pardonne !
En voici *un* qui croit que j'ai envie de rentrer
En Allemagne – au chaud,
Dans le bonheur étouffant des petites chambres[508].

Le désir de prendre le grand large s'avère donc plus fort que celui de s'enraciner. Nietzsche est même convaincu que parmi les Européens de son époque se trouvent déjà plusieurs personnes « qui peuvent s'appeler de bon droit des sans-patrie au sens honorifique »[509].

On peut se demander maintenant si Nietzsche précède Martin Heidegger lorsqu'il thématise la perte d'enracinement. En 1946, dans sa *Lettre sur l'humanisme* adressée à Jean Beaufret, Heidegger écrit en effet que la perte de *Heimat* au sens littéral comme au sens figuré, constitue l'avenir de l'humanité : « L'absence de patrie deviendra un destin mondial »[510], note-t-il. Cependant, Nietzsche a adopté une position différente, les deux auteurs ne posent pas le même regard sur la problématique. Tandis que Heidegger regrette l'absence de patrie, Nietzsche l'appelle de ses vœux. Dans ce sens il fait dire à Zarathoustra qu'il faut faire cap sur le *Kinderland,* le « pays des enfants », qui est au fond une terre d'exil : « Ô mes frères [...] vous devez être des

---

[508]*Fragments posthumes,* KSA XI, 330 ; *Œuvres philosophiques* XI, 47.

[509]*Le Gai Savoir,* « Nous autres *sans-patrie* », KSA III, 628 sq ; cf. Chapitre III. L'Europe, *3. L'Europe unifiée et le « bon Européen »,* p. 89.

[510]Martin Heidegger, *Lettre sur l'humanisme* (1946, publiée en 1947), édition bilingue, traduit par Roger Munier, Paris, Aubier, 1964, p. 100 : *„Die Heimatlosigkeit wird ein Weltschicksal".*

bannis de tous les pays de vos pères et de vos ancêtres ! C'est le *pays de vos enfants* que vous devez aimer : [...] ce pays encore à découvrir dans la mer la plus lointaine ! »[511].

L'Aurore indique le chemin à suivre pour trouver ce pays. Sous le titre « Nous autres aéronautes de l'esprit » Nietzsche écrit : « Tous ces oiseaux hardis qui s'envolent vers des espaces lointains, toujours plus lointains » feront un jour l'expérience qu'« ils ne pourront aller plus loin ». Ainsi « ils se percheront sur un mât ou sur quelques arides récifs – bien heureux encore de trouver ce misérable asile ». Mais la route ne s'arrête pas là : « Qui aurait le droit de conclure qu'il n'y a plus devant eux une voie libre et sans fin et qu'ils ont volé si loin qu'on *peut* voler »[512].

---

[511]*Ainsi parlait Zarathoustra,* Troisième partie, « De vieilles et de nouvelles tables » § 12, KSA IV, 255 ; Goldschmidt, p. 289.
[512]*Aurore*, Cinquième livre § 575, KSA III, 331 ; traduit de l'allemand par Henri Albert revu par Angèle Kremer-Marietti, Paris, Le livre de poche, 1995, p. 331.

Bibliographie

Œuvres de Nietzsche

- *Kritische Gesamtausgabe,* éditée par Giorgio Colli et Mazzino Montinari, continuée par Wolfgang Müller Lauter et Karl Pestalozzi, Berlin/ New York, Walter de Gruyter, 2000.
- *Sämtliche Werke. Kritische Studienausgabe en quinze volumes*, Berlin/ New York, Walter de Gruyter ; Munich, Deutscher Taschenbuch Verlag, 1980.

Traductions des œuvres de Nietzsche

- *Friedrich Nietzsche. Œuvres philosophiques complètes,* tome VIII : *Le cas Wagner, Crépuscule des idoles, l'Antéchrist, Ecce homo, Nietzsche contre Wagner,* traduit de l'allemand par Jean-Claude Hémery, édité par Gilles Deleuze et Maurice de Gandillac, Paris, Gallimard, 1994.
- *Friedrich Nietzsche. Œuvres philosophiques complètes,* tome VIII *** : *Dithyrambes de Dionysos/ Poèmes et fragments poétiques posthumes,* édition bilingue (1882-1888), textes et variantes établis par Giorgio Colli et Mazzzino Montinari, traduit de l'allemand par Jean-Claude Hémery, Paris, nrf, Gallimard, 1975.
- *Friedrich Nietzsche. Œuvres,* éditées par Jacques le Rider, traduit de l'allemand par Jean Marnold et Jacques Morland, revu par Jacques le Rider, Paris, Robert Laffont, 1993.
- *Humain, trop humain. Un livre pour esprits libres* 2, *Le voyageur et son ombre*, texte établi par Giorgio Colli et Mazzino Montinari, traduit de l'allemand par Robert Rovini, Paris, Gallimard 1968.
- *Humain, trop humain,* traduit de l'allemand par Anne-Marie Desrousseaux et Henri Albert, revu par Angèle Kremer-Marietti, Paris, Le livre de poche, 1995.

- *Aurore,* traduit de l'allemand par Henri Albert revu par Angèle Kremer-Marietti, Paris, Le livre de poche, 1995.
- *Le Gai Savoir*, traduit de l'allemand par Pierre Klossowski, Paris, Union générale d'éditions, 10/18, 1985.
- *Le Gai Savoir/ Par-delà [sic !] bien et mal,* traduit de l'allemand par Patrick Wotling, présenté par Jean-François Mattéi, Paris, Flammarion, 2008.
- *Ainsi parlait Zarathoustra,* traduit de l'allemand par Georges-Arthur Goldschmidt, Paris, Le livre de poche, 1972.
- *Par-delà le bien et le mal*, édition bilingue, traduit de l'allemand par Geneviève Bianquis, Paris, Aubier éditions Montaigne, 1951.
- *Généalogie de la morale,* traduit de l'allemand par Angèle Kremer-Marietti, Paris, Union générale d'éditions, 10/18, 1974.
- *Crépuscule des idoles,* traduit de l'allemand par Jean-Claude Hémery, Paris, Gallimard, folio essais, 1988.

*

- *Weimarer Nietzsche-Bibliographie (WNB)* vol.1, Primärliteratur 1867-1998 édité par Michael Knoche et Reinhart Tgahrt, Stiftung Weimarer Klassik Herzogin Anna Amalia Bibliothek, Stuttgart/Weimar, Verlag J.B. Metzler, 2000.

*

- Altwegg, Jürg et Schmidt, Aurel, *Französische Denker der Gegenwart. Zwanzig Porträts,* Munich, C. H. Beck, 1987.
- Andler, Charles, *Nietzsche. Sa vie et sa pensée,* tome I, *Les précurseurs de Nietzsche. – La jeunesse de Nietzsche,* 1920, 3e édition, Paris, nrf, Gallimard, 1958.

- Arendt, Hannah, *Qu'est-ce que la politique ?* texte établi par Ursula Ludz, traduit de l'allemand et préfacé par Sylvie Courtine-Denamy, Paris, Editions du Seuil, 1995.
- Babich, Babette, « Become the One You Are: On Commandments and Praise – Among Friends », in Thomas E. Hart (dir.), *Nietzsche, Culture and Education*, Surrey GB, Ashgate Publishing Company, 2009.
- Baudelaire, Charles, *Les fleurs du mal et autres poèmes,* chronologie et préface par Henri Lemaire, Paris, Garnier-Flammarion, 1964.
-, *Baudelaire, critique d'art* suivi de *Critique musicale,* édition établie par Claude Pichois, présentation de Claire Brunet, Paris, Gallimard, folio essais, 1998 (première édition 1992).
- Bataille, Georges, *Exercice du silence,* « Le rire de Nietzsche », Bruxelles, 1942.
- Belaval, Yvon, *L'esthétique sans paradoxe de Diderot*, Paris, Gallimard, 1950.
- Benjamin, Walter, « Zentralpark », *Illuminationen, Ausgewählte Schriften I,* Francfort sur le Main, Suhrkamp Verlag, 1977.
- *La Bible de Jérusalem,* traduit en français sous la direction de l'Ecole biblique de Jérusalem, nouvelle édition revue et corrigée, Paris, Les éditions du Cerf, 1998.
- Biser, Eugen, *Nietzsche – Zerstörer oder Erneuerer des Christentums?*, Darmstadt, Wissenschaftliche Buchgesellschaft, 2002.
- , « Le rapport de Nietzsche à Jésus, Une comparaison littéraire et psychologique », traduit de l'allemand par Robert Givord, *Nietzsche et le christianisme*, *Concilium. Revue internationale de théologie* n° 165, 1981.
- Borchmeyer, Dieter, « Nietzsche und Wagner », in Barbara Neumeyer et Andreas, Urs Sommer (dir.), *Nietzsche als Philosoph der Moderne,* Akademie

Konferenzen n° 9, Heidelberg, Universitätsverlag Winter, 2012.
- Bouriau, Christophe, *Nietzsche et la Renaissance,* Paris, PUF, 2015.
- Campioni, Guliano, *Der französische Nietzsche*, traduit de l'italien par Renate Müller-Buck et Leonie Schröder, Berlin/ New York, Walter de Gruyter, 2009.
- Cassirer, Ernst, « Goethes Idee der Bildung und Erziehung », in *Nachgelassene Manuskripte und Texte,* vol. 10, *Kleinere Schriften zu Goethe und zur Geistesgeschichte 1925-1944,* édité par Barbara Neumann, Hambourg, Felix Meiner Verlag, 2006.
- Damrosch, David, *How to read World Literature,* Wiley-Blackwell, 2009.
- Deleuze, Gilles, *Nietzsche et la philosophie*, Paris, PUF, (1962), 1972.
- Diderot, Denis, *Le neveu de Rameau,* édité par Fernand Mitton, Paris, Guy Le Prat, 1947.
-, *Le Rêve de d'Alembert*, Paris, Garnier Flammarion, 1970.
-, *Correspondance de Diderot,* éditée par Georges Roth, Paris, Editions de Minuit, 1955-1968.
- Dietzsch, Steffen, « Nietzsche im 'Neuen Tage-Buch', Paris 1933-1939 », in Rüdiger Schmidt-Grépaly et Steffen Dietzsch, (dir.), *Nietzsche im Exil. Übergänge in gegenwärtiges Denken,* Stiftung Weimarer Klassik, Weimar, Verlag Hermann Böhlaus Nachfolger, 2001.
- D'Iorio, Paolo, *Le voyage de Nietzsche à Sorrente. Genèse de la philosophie de l'esprit libre,* Paris, CNRS éditions, 2012.
- D'Iorio, Paolo et Merlio Gilbert (dir.), *Nietzsche et l'Europe,* Paris, Editions de la Maison des Sciences de l'homme, 2005.
- Eckl, Markus, *Nietzsche und Montaigne,* Hambourg, Verlag Dr. Kovac, 2017.

- Elias, Norbert, *Über den Prozess der Zivilisation. Soziogenetische und psychogenetische Untersuchungen. Erster Band : Wandlungen des Verhaltens in den weltlichen Oberschichten des Abendlandes*, Francfort sur le Main, Suhrkamp Verlag, 1976.
- Evard, Jean-Luc, « Bref éloge de l'élite à venir », *Conférence* n° 25, automne 2007.
-, *Chaque jour, la fin de monde, pendant un quart d'heure,* Le Presbytère à Claunay, Editions Faustroll, 2016.
- Faye, Jean Pierre, *Le vrai Nietzsche. Guerre à la guerre,* Paris, Hermann, 1998.
- Franck, Didier, *Nietzsche et l'ombre de Dieu,* Paris, PUF, 1998.
- Gerhardt, Volker et Reschke, Renate (dir.), *Nietzsche und Europa – Nietzsche in Europa,* Munich, 2007.
- Goethe, Johann Wolfgang, *Wilhelm Meisters Lehrjahre* en deux volumes, Munich, Wilhelm Goldmann Verlag, 1973.
-, *West-östlicher Divan*, édité par Hans-J. Weitz, Francfort sur le Main, Insel Verlag, 1974.
- Habermas, Jürgen, « Öffentlichkeit und öffentliche Meinung », in J. Habermas, *Kultur und Kritik. Verstreute Aufsätze*, Francfort sur le Main, SuhrkampVerlag, 1973.
- Hausman, Noëlle, *Nietzsche et Thérèse de Lisieux. Deux poétiques de la modernité,* Paris, Beauchesne, 1984.
- Heidegger, Martin, *Qu'appelle-t-on penser?,* traduit de l'allemand par Aloys Baecker et Gérard Granel, Paris, PUF, 1957.
-, *Brief über den Humanismus/ Lettre sur l'humanisme*, (1946, publié en 1947), édition bilingue, traduit de l'allemand par Roger Munier, Paris, Aubier, 1964.
- Heine, Heinrich, *Sämtliche Werke.* Historisch-kritische Gesamtausgabe, édité par Manfred Windfuhr, Düsseldorf, Hoffmann und Campe, 1985.

- Henckmann, Eva, *Grundlagen der Bildungsphilosophie im Frühwerk Nietzsches,* Berlin/ Münster/ Vienne/ Zurich/ Londres, LTI Verlag, 2014.

- Janz, Curt Paul, *Friedrich Nietzsche. Biographie* en trois volumes, vol. 2 : *Die zehn Jahre des freien Philosophen,* Munich/ Vienne, Hanser Verlag, 1978.

- Jaspers, Karl, *Die geistige Situation der Zeit (1931),* Berlin, de Gruyter, 1971.

- *Nietzsche. Introduction à sa philosophie,* traduit de l'allemand par Henri Niel, Paris, Gallimard, 1978.

- Kant, Immanuel, « Beantwortung der Frage: Was ist Aufklärung ? », in *Was ist Aufklärung? Thesen und Definitionen,* édité par Ehrhard Bahr, Stuttgart, Reclam, 1974.

- Kofman, Sarah, *Le mépris des Juifs. Nietzsche et les Juifs, l'antisémitisme,* Paris, Galilée, 1974.

- , *Explosion II, Les enfants de Nietzsche*, Paris, Galilée, 1993.

- Kraus, Karl, *Sprüche und Widersprüche,* dans Christian Wagenknecht (éd.), Karl Kraus, *Aphorismen*, Francfort sur Main, Suhrkamp Verlag, 1986.

- Le Rider, Jacques, *L'Allemagne au temps du réalisme. De l'espoir au désespoir. 1848-1890*, Paris, Albin Michel, 2013

-, *Nietzsche et Flaubert, Nietzscheforschung* n° 14, édité par Renate Reschke, décembre 2007.

- Le Rider, Jacques/ Bourel, Dominique (dir.), *De Sils Maria à Jérusalem. Nietzsche et le judaïsme, les intellectuels juifs et Nietzsche*, Paris, Les Editions du Cerf, 1991.

- Lévy, Clément et Westphal, Bertrand (dir.), *La géocritique. Etat des lieux,* Limoges, Pulim, 2014.

- Löwith, Karl, *Nietzsches Philosophie der ewigen Wiederkehr des Gleichen,* in *Nietzsche. Sämtliche*

Schriften, vol. 6, Stuttgart, Metzler 1987 ; traduit de l'allemand par Anne-Sophie Astrup, *Nietzsche. Philosophie de l'éternel retour du même,* Paris, Calman-Lévy, 1994.

-, *Von Hegel zu Nietzsche. Der revolutionäre Bruch im Denken des 19. Jahrhunderts*, in *Sämtliche Schriften,* vol. 4, Stuttgart, Metzler, 1988.

-, *Mein Leben in Deutschland vor und nach 1933. Ein Bericht,* Francfort sur le Main, Fischer Verlag, 1989.

- Mann, Thomas, *Nietzsches Philosophie im Lichte unserer Erfahrung*, in Gotthart Wunberg, *Nietzsche und die deutsche Literatur,* vol. 1: *Texte zur Nietzsche-Rezeption* 1873-1963, Tübingen, dtv, Wissenschaftliche Reihe/ Max Niemeyer Verlag, 1978.

- Métayer, Guillaume, *Nietzsche et Voltaire. De la liberté de l'esprit et de la civilisation,* Paris, Flammarion, 2010.

- Montaigne, Michel, de, *Les Essais en français moderne,* adaptation par André Lanly, Paris, Quatro, Gallimard, 2009.

- Morel, Georges, *Nietzsche. Introduction à une première lecture*, Paris, Aubier-Montaigne, 1985.

- Mutti, Claudio, *Nietzsche et l'Islam*, traduit de l'italien par Philippe Baillet, préface de Christophe Levelois, Chalon-sur-Saône, Editions Hérode, 1994.

- Niemeyer, Christian, *Nietzsche, die Jugend und die Pädagogik. Eine Einführung,* Weinheim et Munich, Juventa, 2002.

-, *Nietzsche als Erzieher. Pädagogische Lektüren und Relektüren,* Weinheim, Beltz, Juventa, 2016.

- Ottaviani, Thierry, *Nietzsche et la Corse,* Paris, Editions Maïa, 2018.

- Paquot, Thierry et Yournes, Chris (dir.), *Espace et lieu dans la pensée occidentale. De Platon à Nietzsche,* Paris, La Découverte, 2012.

- Pernet, Martin Walter, *Nietzsche und das fromme Basel,* Basel, Schwabe, 2014.
- Riedel, Manfred, *Freilichtgedanken – Nietzsches dichterische Welterfahrung,* Stuttgart, Klett Cotta, 1998.
- Rosenzweig, Franz, *Der Stern der Erlösung, Gesammelte Schriften 2,* Haag, Martinus Nijhoff, 1976, traduit de l'allemand par Alexandre Derczanski et Jean-Louis Schlegel, Paris, Les Editions du Seuil, 1982.
- Schiller, Friedrich, *Briefe über die ästhetische Erziehung des Menschen/ Lettres sur l'éducation esthétique de l'homme,* traduit de l'allemand par Robert Leroux, mise à jour par Michèle Halimi, édition bilingue des classiques étrangers, Paris, Aubier, 1992.
- Schober, Angelika, *Nietzsche et la France. Cent ans de réception française de Nietzsche,* thèse de doctorat d'Etat soutenue le 2 juillet 1990 à l'Université de Paris X-Nanterre.
-, *Ewige Wiederkehr des Gleichen ? Hundertzehn Jahre französische Níetzscherezeption/ Eternel retour du mëme? Cent dix ans de réception française de Nietzsche* Presses universitaires de Limoges, 2000.
-, *Reflets des Lumières dans la pensée allemande,* Paris, L'Harmattan, 2016.
-, « Le pouvoir au féminin chez Friedrich Nietzsche », in Aline Le Berre, Angelika Schober et Florent Gabaude (dir.), *Le pouvoir au féminin. Spielräume weiblicher Macht. Identités, représentations et stéréotypes dans l'espace germanique,* Limoges, Pulim, 2013, p. 57-68.
-, « Schillers Briefe über die ästhetische Erziehung des Menschen als Antwort auf die Französische Revolution und ihre Folgen », *Kairoer Germanistische Studien. Jahrbuch für Sprach-, Literatur- und Übersetzeungswissenschaft* n° 20, 2012.
- , « L'exil français de Friedrich Nietzsche », in Gharraa Méhanna (dir.), *Parcours, échanges et recoupements*

culturels, Le Caire, Elain Publisher, Dar El Nashr, 2011, p. 40-49.

-, « Man findet bei Nietzsche, was man sucht », in Clemens Pornschlegel et Martin Stingelin (dir.), *Nietzsche und Frankreich,* Berlin/ New York, Walter de Gruyter, 2009, p. 117-133.

-, « Nietzsche – *Heimat* en exil », in *Heimat. La petite patrie dans les pays de langue allemande. Chroniques allemandes. Revue du CERAAC* n° 13, Université Stendhal-Grenoble 3, 2009, p. 295-320.

-, « *Ainsi parlait Zarathoustra* de Friedrich Nietzsche : ‚le désespoir du traducteur' », *Logos. Translation of Social Science. Problems and Solutions. A Refereed Journal of Language and Translation (C.M.G. Tributary),* n° 4, Université du Caire, 2008, p. 3-18.

-, « Nietzsches Blick auf außereuropäische Kulturen : Indien, China, Islam » , *Kairoer Germanistische Studien* n° 18, 2008/2009, p. 397-415.

-, « Nietzsche fasciné par le catholicisme? », in Stamatios Tzitzis (dir.), *Nietzsche et les hiérarchies,* Paris, L'Harmattan, 2008, p. 139-157.

-, « Goethe und Nietzsche auf der Suche nach dem Orient », in Jean-Marie Valentin (dir.), *Germanistik im Konflikt der Kulturen, Jahrbuch für Internationale Germanistik,* Reihe A – Band 85, Bern, Peter Lang Verlag, 2007, p. 85-94.

-, « Nietzsche, critique de la presse », in André Combes et Françoise Knopper (dir.), *L'opinion publique dans les pays de langue allemande,* Paris, L'Harmattan, 2006.

-, « Goethe entre Orient et Occident », *L'art du comprendre* n° 14, juin 2005 : *Goethe. Phénomènes, signes et formes du monde,* p. 167-174.

-, « Nietzsche fasciné par l'Inde ? », in Marc Cluet (dir.), *La fascination de l'Inde en Allemagne 1800 – 1933*, Presses Universitaires de Rennes, 2004, p. 117-128.

-, « Les aphorismes de Karl Kraus », in Gérard Grelle (dir.), *Identité et culture autrichiennes au XXe et au début du XXIe siècles*, Limoges, Pulim, 2003, p. 113-129.
-, « L'Eternel Retour chez Friedrich Nietzsche. Approche sémiologique », in Gunilla Haac (dir.), *Hommage à Oscar Haac. Mélanges historiques, philosophiques et littéraires,* L'Harmattan, Paris 2003, p. 257-270.
-, « Traces de Nietzsche en sémiotique ? », in Jacques Fontanille (dir.), *Sémio 2001*, Limoges, Pulim, CD-Rom, 2002.
-, « L'art de l'histoire selon Nietzsche », *Etudes Germaniques,* avril-juin 2000, p. 221-233.
-, « La réception française de Nietzsche », *Revue Internationale de Philosophie*, n° 1, 2000, p. 99-115.
-, « La réception de Nietzsche en France. Ecrits de femmes », in Jacques Le Rider (dir.), *Nietzsche. Cent ans de réception française*, Paris, Les éditions Suger, 1999, p.149-162.
-, « Nietzsche et le christianisme », in Angelika Schober (dir.), *Le christianisme dans les pays de langue allemande. Enjeux et défis,* Limoges, Pulim, 1997, p. 97-108.
-, « Diderot et Nietzsche », *Diderot Studies* XXV, Genève, Droz, 1993, p. 89-107.
-, « Pascal et Nietzsche. Commentaires français », in Denise Leduc-Fayette (dir.), *Pascal au miroir du XIXe siècle*, Paris, NAME, 1993.
-, « Nietzsche, le surhumain et l'androgyne », in Dominique Janicaud (dir.), *Nouvelles lectures de Nietzsche. Science, musique, philosophie*, Lausanne, L'Age d'Homme, 1985, p. 130-137.
- Tongeren, Paul van, « Measure and *Bildung* », in Thomas E. Hart (dir.), *Nietzsche, Culture and Education*, Surrey GB, Ashgate Publishing Company, 2009.
- Valadier, Paul, *Nietzsche et la critique du christianisme,* Paris, Les Editions du Cerf, 1974.

- Weber, Max, *Die protestantische Ethik der ‚Geist' des Kapitalismus*, édité par Klaus Lichtblau et Johannes Weiβ, deuxième édition, Beltz, Athenäum, 1996.
- Westphal, Bertrand, *La géocritique. Mode d'emploi,* Limoges, Pulim, 2000.
-, *La géocritique. Réel, fiction, espace,* Paris, Editions de minuit, 2007.
-, (dir.), *Le rivage des mythes. Une géocritique méditerranéenne, Le lieu et son mythe*, Limoges, Pulim, 2001.
- Winock, Michel, *Flaubert,* Paris, Gallimard, 2013.

Index des noms

Table des matières

Structures éditoriales du groupe L'Harmattan

L'Harmattan Italie
Via degli Artisti, 15
10124 Torino
harmattan.italia@gmail.com

L'Harmattan Hongrie
Kossuth l. u. 14-16.
1053 Budapest
harmattan@harmattan.hu

L'Harmattan Sénégal
10 VDN en face Mermoz
BP 45034 Dakar-Fann
senharmattan@gmail.com

L'Harmattan Cameroun
TSINGA/FECAFOOT
BP 11486 Yaoundé
inkoukam@gmail.com

L'Harmattan Burkina Faso
Achille Somé – tengnule@hotmail.fr

L'Harmattan Guinée
Almamya, rue KA 028 OKB Agency
BP 3470 Conakry
harmattanguinee@yahoo.fr

L'Harmattan RDC
185, avenue Nyangwe
Commune de Lingwala – Kinshasa
matangilamusadila@yahoo.fr

L'Harmattan Congo
67, boulevard Denis-Sassou-N'Guesso
BP 2874 Brazzaville
harmattan.congo@yahoo.fr

L'Harmattan Mali
Sirakoro-Meguetana V31
Bamako
syllaka@yahoo.fr

L'Harmattan Togo
Djidjole – Lomé
Maison Amela
face EPP BATOME
ddamela@aol.com

L'Harmattan Côte d'Ivoire
Résidence Karl – Cité des Arts
Abidjan-Cocody
03 BP 1588 Abidjan
espace_harmattan.ci@hotmail.fr

L'Harmattan Algérie
22, rue Moulay-Mohamed
31000 Oran
info2@harmattan-algerie.com

L'Harmattan Maroc
5, rue Ferrane-Kouicha, Talaâ-Elkbira
Chrableyine, Fès-Médine
30000 Fès
harmattan.maroc@gmail.com

Nos librairies en France

Librairie internationale
16, rue des Écoles – 75005 Paris
librairie.internationale@harmattan.fr
01 40 46 79 11
www.librairieharmattan.com

Librairie l'Espace Harmattan
21 bis, rue des Écoles – 75005 Paris
librairie.espace@harmattan.fr
01 43 29 49 42

Lib. sciences humaines & histoire
21, rue des Écoles – 75005 Paris
librairie.sh@harmattan.fr
01 46 34 13 71
www.librairieharmattansh.com

Lib. Méditerranée & Moyen-Orient
7, rue des Carmes – 75005 Paris
librairie.mediterranee@harmattan.fr
01 43 29 71 15

Librairie Le Lucernaire
53, rue Notre-Dame-des-Champs – 75006 Paris
librairie@lucernaire.fr
01 42 22 67 13

www.ingramcontent.com/pod-product-compliance
Lightning Source LLC
LaVergne TN
LVHW010431230826
846092LV00009BA/1124
9782343171111